Mike Dooley

Sehen,
was anderen
verborgen bleibt

Mike Dooley

Sehen, was anderen verborgen bleibt

Kleine Weisheiten für ein ungewöhnlich glückliches Leben

mvgverlag

Bibliografische Information der Deutschen Nationalbibliothek:
Die Deutsche Nationalbibliothek verzeichnet diese Publikation in der
Deutschen Nationalbibliografie; detaillierte bibliografische Daten sind im
Internet über http://d-nb.de abrufbar.

Für Fragen und Anregungen:
info@mvg-verlag.de

1. Auflage 2019
© 2019 by mvg Verlag, ein Imprint der Münchner Verlagsgruppe GmbH
Nymphenburger Straße 86
D-80636 München
Tel.: 089 651285-0
Fax: 089 652096

Die englische Originalausgabe erschien 2019 bei Hay House Inc. USA unter
dem Titel *A Beginner's Guide to the Universe*. © 2019 by Mike Dooley. All rights
reserved.

Übersetzung: Diane von Weltzien
Redaktion: Sabin Zürn
Umschlaggestaltung: Kathleen Lynch / Manuela Amode
Illustrationen: Bryn Starr Best, shutterstock.com
Satz: ZeroSoft, Timisoara
Druck: GGP Media GmbH, Pößneck
Printed in Germany

ISBN Print 978-3-7474-0128-6
ISBN E-Book (PDF) 978-3-96121-485-3
ISBN E-Book (EPUB, Mobi) 978-3-96121-486-0

Weitere Informationen zum Verlag finden Sie unter:

www.mvg-verlag.de

Beachten Sie auch unsere weiteren Verlage unter www.m-vg.de.

Für Rebecca Solecito Dooley

Bevor diese Reise

überhaupt begann, gab es dich,

deine besten Freunde

und dein neugieriges Staunen darüber,

wer von euch als Erster springen, als Erster vergessen, als Erster küssen,

es als Erster sagen, als Erster fallen, als Erster aufstehen

und sich als Erster erinnern würde,

dass das Leben in den Illusionen von Zeit

und Raum mit dem Wagnis

beginnt,

trotz allem zu lieben.

Inhalt

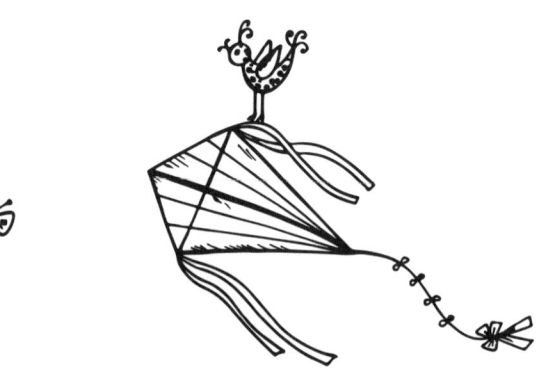

Prolog

Der Mann, für den
du
mich hältst

Liebste Rebecca,

den Anruf, den ich niemals vergessen werde, erhielt ich am späten Nachmittag zu Hause. Es war Wochenende und ich saß in meinem Arbeitszimmer am Schreibtisch, deine Mutter mir gegenüber. Eine Arzthelferin fragte: »Wollen Sie das Geschlecht wissen?«

»Wie bitte?«

»Sie und Ihre Frau bekommen ein Kind«, erklärte sie geduldig, »und ich frage Sie, ob Sie das Geschlecht wissen wollen?«

»Ja! Unbedingt!«

Ohne auch nur den geringsten Anflug von Emotion teilte sie mir mit: »Sie bekommen ein Mädchen.«

Es kam mir vor, als hätte Gott gesprochen.

Dieser Beweis dafür, dass sich unser Erstgeborenes auf dem Weg befand, erschien mir mit meinen 52, fast 53

Jahren glaubhafter als der gewölbte Bauch deiner Mutter.

Ein Mädchen!

Nach außen hin hatte ich mein Leben lang so getan, als seien Kinder kein Thema für mich, während ich mir insgeheim gelegentlich die Vorstellung gestattete, eine Tochter zu haben. In meinem Alter dachte ich natürlich, der Zug sei schon längst abgefahren.

Und dann kamst du, sechs Wochen zu früh. Die 25-prozentige Wahrscheinlichkeit, die du aufgrund der genetischen Disposition deiner Eltern hattest, Mukoviszidose zu entwickeln, hast du elegant umschifft. Mit deinen fünfeinhalb Pfund hast du unsere Zweisamkeit in eine Familie verwandelt. Wir hatten uns nicht vorstellen können, auf welche Weise du unser Leben verändern würdest, obwohl uns alle Eltern der Welt genau darauf hingewiesen hatten. Auch heute noch bin ich am meisten darüber überrascht, wie sehr ich *von allem*, womit du uns bereichert hast, überrascht wurde.

Als ich dich zum ersten Mal in den Armen hielt, offenbarten deine suchenden Augen eine Tiefe, die dein winziger, zerbrechlicher Körper nicht vermuten ließ. Dieses Fenster zu deiner Seele verriet uns nicht, woher du kamst, ob und welche Pläne du gemacht hattest oder zu welchem Menschen du werden würdest. Deine winzigen Gliedmaßen und deine zarte Stimme waren engelsgleich. Ich war fasziniert, und das hatte weniger mit der Tatsache zu tun, dass du dem Schicksal und der Wahrscheinlichkeit getrotzt hattest, sondern damit, dass du die Verkörperung des größten Geheimnisses warst, das das Leben zu bieten hat: Wie war das alles *überhaupt* möglich – das *Leben, du*, unsere neue Familie?!

Nun, da die ersten Jahre vorüber sind und du dich deinem fünften Geburtstag näherst, bin ich mehr denn je beeindruckt, wie du, Gefäß des Geistes, göttlicher Funke, deinen Platz in der Welt einnimmst. Nicht als »mein« Kind – denn natürlich »gehörst« du mir nicht –, sondern als Kind des Universums. Noch immer verwirrt es mich, dass deine Mutter und ich irgendwie eine biologische Kettenreaktion in Gang gesetzt haben, die wir nicht im Geringsten begreifen können und die dich wie aus dem Himmel zu uns geführt hat. Dass ausgerechnet wir dich betreuen und begleiten dürfen, ist etwas Besonderes. Denn wer sind wir schon, dass wir dies alles verdient hätten? Und wer sind wir, dass uns eine so große Aufgabe zugetraut wird? Ich tappe doch in meiner eigenen Dunkelheit umher, wie könnte ich da einem anderen Menschen den Weg leuchten? Aber dieser Wahnsinn, dass im Dunkeln tappende Eltern Kinder des Lichts in diese Welt mit ihrer akribischen Ordnung setzen, beweist, dass es einen Plan und einen Grund für unsere Beziehung geben muss. Also will ich mich wie alle Eltern bemühen, meiner Rolle gerecht zu werden und nicht mehr von dir zu fordern, als ich selbst dir geben kann.

Seit du auf der Welt bist, habe ich dich mit und ohne Grund bewundert. Und als ob eine Steigerung noch möglich wäre, bist du zu meinem größten Erstaunen ebenso vernarrt in mich wie ich in dich. Manchmal bringt es mich fast schon in Verlegenheit, wenn du vor anderen zurückscheust, die sich ebenso sehr wie ich nach deiner Aufmerksamkeit sehnen, und dich trotz ihrer weit geöffneten Arme und Herzen zu mir flüchtest.

War es ein kosmischer Irrtum, dass ich statt eines Heiligen das Privileg habe, mich an der unglaublichen Nähe zu dir zu erfreuen und an dieser gegenseitigen Bewunderung, unterbrochen von Lachen und Tränen? Wenn ich doch nur der Mann sein könnte, den du viele Hundert Mal am Tag so herzerweichend mit »Daddy! Daddy! Daddy!« rufst, weil du jede deiner Beobachtungen, Ideen oder Einfälle mit mir teilen möchtest. Oder wie du weinst, wenn ich nicht da bin, weil du auf meinen Schultern reiten oder beim Essen neben mir sitzen willst. Wie kann es sein, dass ausgerechnet ich für etwas so Vollkommenes wie dich so wichtig bin?

Die Bedeutung, die du mir gibst, will ich mir jetzt verdienen. Damit ich eines Tages vielleicht wirklich der Mann sein kann, den du in mir siehst – für den du mich hältst –, und dir in der Dunkelheit ein Licht, in der Verzweiflung Hoffnung und, soweit es mir möglich ist, der beste Vater der Welt sein kann.

Als deine Mutter noch mit dir schwanger war, meinte ein Freund, dass der Tag deiner Geburt der Anfang meines eigenen Lebens sei. Und tatsächlich kommt es mir genau so vor – manchmal glaube ich, das Leben vor dir war nur die Vorbereitung auf das, was wir jetzt gemeinsam erleben und was noch vor uns liegt.

Zwar hoffe ich, dich noch jahrzehntelang lieben und leiten zu dürfen, doch bin ich nicht so naiv zu glauben, dass du auf alles hörst, was ich dir sagen möchte, oder alles, was ich dir anbiete, nützlich findest, und ich wage nicht zu denken, dass ich so lange lebe. Doch als der Autor des Buches *Grüße vom Universum*, das ihn so etwas wie berühmt gemacht hat und dessen Botschaften zumindest sein eigenes Leben verbessert haben, möchte ich dir ein paar Dinge mit auf den Weg geben, bevor mein Auftritt hier zu Ende ist ... oder bevor wir feststellen, dass tatsächlich alles auf einem kosmischen Irrtum beruht: So etwas wie ein *Einsteigerbuch für das Universum*, um diesen heiligen Dschungel aus Zeit und Raum wie ein angehender Meister zu durchqueren und mithilfe ungewöhnlicher Ideen ein ungewöhnlich glückliches Leben zu führen.

Das soll nicht heißen, dass ich ein Meister bin, doch in den zurückliegenden zwei Jahrzehnten habe ich vielen Menschen geholfen, bewusst zu leben und die unendlichen Möglichkeiten des Lebens nach meinem Motto »Aus Gedanken wird Realität« zu gestalten. Ich habe in meinen Büchern und Filmen dargelegt, dass das Leben weder auf Zufall basiert noch ein Test in Sachen

Gehorsamkeit ist. Wir leben in einer vollkommenen Welt, die durch Liebe ermöglicht wurde und in der wir wachsen dürfen. Ich sage den Leuten sogar, dass das Leben nicht fair ist, sondern es unser Leben zu unseren Gunsten gestaltet.

Um meinen vielleicht etwas zu esoterischen Vorstellungen Zügel anzulegen, möchte ich noch sagen, dass mein Stil immer eher der eines Wirtschaftsprüfers war als der eines vernarrten Vaters. Ich bin es einfach nicht gewohnt, mich mit Liebe und Zärtlichkeit auseinanderzusetzen, und das macht alles, was ich für dich empfinde, noch größer. Doch trotz meines versicherungsmathematischen Tons (der, wie ich meine, der Sache dient) hoffe ich, sowohl zu deinem Verstand als auch deinem Herzen vorzudringen. Mir ist natürlich klar, dass die meisten Menschen heutzutage keine Bücher mehr lesen, und ich habe festgestellt, dass dies doppelt und dreifach stimmt, wenn der Autor ein Familienmitglied ist. »Im eigenen Land gilt der Prophet nichts.« Und wie steht es im eigenen Zuhause? Vergiss es ... »Bring doch bitte mal den Müll runter, ja?« Damit habe ich kein Problem – ich bin lieber dein Vater als dein Guru. Aber es stimmt eben auch, dass ich seit 20 Jahren unterrichte und es gern tue. Und wenn die Dinge, die ich schreibe, deinen eigenen Lernprozess verkürzen, dir Leid ersparen und dein zukünftiges Glück steigern können, dann will ich es versuchen.

Es folgen sechs Kapitel, in denen ich die Grundsätze und Konzepte darlege, von denen ich meine, dass sie dir und allen anderen Lesern dieses Buches wichtige Impulse geben können. Jedes Kapitel wird eingeleitet durch einen Brief, der an meine eigenen Offenbarungen oder an gemeinsame Zeiten erinnert. Es folgen Lektionen über das Tragen großer Verantwortung und den unermesslichen Lohn dafür. Der Epilog enthält eine überraschende Entdeckung, die ich bei der Zusammenstellung all dieser Ideen gemacht habe. Vielleicht sogar die überraschendste Entdeckung meines

Lebens, was die Unzulänglichkeit betrifft, die mich am meisten belastet – nämlich nicht der Mann zu sein, für den du mich hältst. Es ist eine Offenbarung, die Auswirkungen auf jeden Menschen auf dieser Erde hat.

Spar dir die Schuldgefühle, weil du dich um die Lektüre meiner 15 Bücher gedrückt hast. In diesem einen Buch habe ich für dich – und natürlich für alle anderen, die an die Schönheit des Lebens, an unsere Macht und daran, wie sehr wir geliebt werden, erinnert werden möchten – all das so einfach und knapp zusammengefasst, wie ich mir nur wünschen könnte, dass es ein begeisterter Leser aus all meinen Büchern zusammengenommen entnehmen würde.

Möge alles, was du dir wünschst, das Mindeste sein, was du erhältst.

1

Warum
die Sonne
aufgeht

Tränen und Ängste spielten in deinen frühen Tagen eine große Rolle.

Du weinst noch immer nach Mumu, obwohl Mom starb, als du ein Jahr alt warst. An ihren Knien hast du dich festgehalten, als du gehen lerntest. Ihre 81-jährige Gestalt wolltest du umarmen. Du warst begierig, ihr müdes Gesicht zu küssen.

Vor drei Jahren hörte ich dich aus dem Gästebad rufen: »Daddy! Hilfe! A-a-a-a-h!« Dort fand ich dich nur Augenblicke später: Du hattest dich in die leere Badewanne gebeugt und warst über den Rand hineingekippt, wie die Wippe auf ihrem Ständer. Deine ausgestreckten Arme stützten deinen kleinen, vor Entsetzen steifen Körper ab, die Beine ragten in die Luft und der Kopf hing nach unten. Du warst unfähig, dich zu bewegen, konntest nur noch um Hilfe rufen.

Und im zurückliegenden Jahr hast du uns mehrmals in der Nacht aufgeweckt, weil du, noch ganz verschlafen, aus voller Überzeugung riefst: »Ich … mag … keine Monster!«

Weinen ist natürlich das Pochen eines Kindes auf seine Stammeszugehörigkeit, und in jedem Fall müssen die anderen die nötigen Antworten, Lösungen oder eben Liebe geben. Mit zunehmendem Alter werden unsere Bedürfnisse komplizierter, denn wir entwachsen zwar vielen unserer Abhängigkeiten, aber wir finden immer wieder etwas Neues, das uns Angst macht.

Angst ist mein lebenslanger Begleiter und Erzfeind. Meist habe ich mir Sorgen über Dinge gemacht, die nie eingetroffen sind, über meine eigene Unzulänglichkeit oder über das, was andere vielleicht über mich denken könnten. Aber ich habe gelernt, die Lage zu meistern und sogar daran zu wachsen – geliebt und verliebt –, indem ich herausfand, dass die meisten Ängste auf Missverständnissen beruhen. Und dass ein paar wenige neue punktgenaue Ideen, die auf schmerzhafte Umstände oder traurige Perspektiven angewendet werden, alles vollständig zum Besseren verändern können.

Dass die Ursache *aller Ängste* unsere Verwirrung ist angesichts der Fragen *Wer sind wir wirklich?*, *Warum sind wir hier?* und *Was können wir mit unserem Leben anfangen?*, war vielleicht die eindrucksvollste Lektion, die ich in meinem Leben gelernt habe. Das mag unwahrscheinlich scheinen, solange man die Antworten auf diese Fragen noch nicht kennt. Ironischerweise, wenn nicht gar tragischerweise, sind die Wahrheiten, die uns aus der Verwirrung führen könnten und die uns dennoch meistens entgehen, im Alltag leicht wahrzunehmen und zu erleben.

Allein schon unsere physischen Sinne offenbaren uns, dass wir in einem unendlich freundlichen und unaussprechlich weisen Universum leben und dass wir ein Bestandteil dieses Universums und keineswegs von ihm abgeschnitten sind. In diesem Universum erschaffen wir durch nichts als unsere

Gedanken, Worte und Taten zahllose Schöpfungen und unser Leben. Unsere Leben sind eins.

Wenn Einstein recht hat mit seiner Schlussfolgerung, dass die Wirklichkeit nichts als eine »hartnäckige Illusion« sei, dann müssen im weiteren Sinne auch Zeit, Raum und Materie eine Illusion sein. In weniger bekannten Schriften hat er sich so über diese Elemente geäußert. Das bedeutet: Es kann kein »Vorher« und »Nachher«, kein »Nah« und »Fern« geben. Alles ist im wahrsten Sinn des Wortes »hier und jetzt« und ohne räumliche, materielle oder zeitliche Trennung »eins«. Derartige Kennzeichen öffnen lediglich die unverwechselbaren Fenster selektiver Wahrnehmung.

In einem Universum ohne Abtrennung, in dem alles wahrhaft eins ist – müssen wir da nicht aus göttlicher Intelligenz gemacht und hervorgegangen sein? Ohne Abtrennung kann es nicht zugleich Gott und Nicht-Gott geben. Woher sollte denn das »nicht-göttliche Material« überhaupt stammen? Und ein Teil Gottes zu sein bedeutet, dass du beziehungsweise dein höheres Selbst schon »vor« diesem Leben da war und auch »nach« ihm noch da sein wird; das heißt, du bist wirklich und die Illusionen sind es nicht; du bist allzeitig, sie sind flüchtig. Das heißt, *du warst zuerst da*. Und die Tatsache, dass du (oder dein höheres Selbst) dich in Zeit und Raum befindest, bedeutet, *dass du dich entschieden hast, hier und jetzt zu sein!*

Indem wir uns weiterhin dieser einfachen Logik bedienen, können wir umgekehrt schlussfolgern, dass es mitten in dieser atemberaubend intelligent geplanten Welt einfach *undenkbar* ist, dass wir nur deshalb hier sein könnten, um von einem wütenden, eifersüchtigen Gott getestet, kritisch beurteilt und letztlich verurteilt zu werden. Erstens: Ein Gott, der sich dieses ganze Universum und noch dazu die Fotosynthese ausgedacht hat, könnte unmöglich so engherzig sein. Und zweitens: Welchen Sinn könnte das ganze

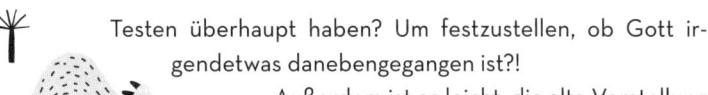

Testen überhaupt haben? Um festzustellen, ob Gott irgendetwas danebengegangen ist?!

Außerdem ist es leicht, die alte Vorstellung über den Haufen zu werfen, dass das Leben aufgrund einer zufälligen Panne begann und dass es jeglicher Intelligenz entbehrt. Dann könnte man auch glauben, dass das Leben seinen Ursprung in Felsen und im Nichts hat, ohne zu erklären, woher Felsen und das Nichts stammen, und die Augen vor der Intelligenz verschließen, die in den 100 Millionen Spezies und in jeder Zelle, ja in jedem Körper zum Ausdruck kommt.

All dies führt zu der logischen Schlussfolgerung, dass wir wichtig sind; heilig, geachtet, geliebt und keineswegs einer Welt der Illusionen ausgeliefert, vielmehr ist sie uns unterworfen. Unsere Wahrnehmung macht uns zu den Erschaffern der Welt, aller Felsen und des Nichts; es sind nicht sie, die uns erschaffen haben. *Wir sind es, die die Sonne veranlassen, jeden Tag von Neuem aufzugehen.* Im wahrsten Sinn des Wortes. Wir sind nicht einer von irgendwelchen Gründen, sondern *der* Grund. Wir sind frei, wir selbst zu sein. Es gibt keine Tests. Alles ist gut. *Wir verdienen Glück, den für die Menschheit zweifellos höchsten bekannten emotionalen Wert.* (Liebe ist, wie wir noch sehen werden, keine Emotion, sondern etwas Absolutes.) Und auch, wenn diese Vorstellungen vielleicht Fragen aufwerfen, auf die keiner von uns Antworten parat hat, spielen diese Fragen angesichts der soeben erworbenen Erkenntnisse überhaupt noch irgendeine Rolle?

Meine Beweise? Woher ich die Wahrheit kenne? Als dein Vater betrachte ich es als meine wichtigste Aufgabe, dich in deinem Nachdenken zu fördern und in deinem Wachsen und Gedeihen in der Welt zu unterstützen. Und aus diesem Grund biete ich dir einige der Vorstellungen an, die wertzuschätzen und erfolgreich umzusetzen ich in meinem

Leben gelernt habe, damit du sie ebenfalls in Betracht ziehen kannst. Diese Vorstellungen haben ihren Ursprung in der Liebe und im Respekt für das Ganze. Zum geringsten Teil handelt es sich um meine eigenen Ideen. Vielmehr sind sie so allgemeingültig und offensichtlich, dass jeder, der ernsthaft sucht, sie sich leicht selbst erschließen kann.

Mein Prozess zur Aufdeckung der Wahrheit war rückblickend immer zweigliedrig: Am Anfang steht eine Idee, die mich in Gang setzt und die ihren Ursprung in meinen eigenen Erfahrungen, in meinem Nachdenken oder in meiner Intuition hat und die ich dann als wahr betrachte, wenn sie:

- von der Schönheit des Lebens handelt oder von unserer Macht und

- sich immer und gleichermaßen auf alle anwenden lässt, egal, wie die Umstände sind.

Niemand wird zurückgelassen, niemand wird ausgeschlossen, niemand wird verurteilt.

Könnte es denn eine bessere Bestätigung der Wahrheit geben als durch unsere Erfahrung, unsere Logik und unsere Intuition? Natürlich ließen sie alle sich als amateurhafte Mittel beiseitewischen, bis man sich klarmacht, dass die meisten heutigen vorrangigen Überzeugungen diesen Anforderungen *nicht* genügen und keine andere rationale Basis haben als die, den Massen Angst zu machen und sie zu manipulieren.

Wenn es bessere Bestätigungskriterien für die Wahrheit gäbe, welche könnten das dann sein? Bücher? Priester? Wissenschaftler? Sind denn Texte, Glaubensbekenntnisse und Theorien letztlich nicht doch nur die Zusammenfassungen der Erkenntnisse anderer? Besser scheint es mir, selbst das Leben zu erfahren, sich nach innen zu wenden, eigene Schlüsse zu

ziehen und dann festzustellen, ob sie den Erkenntnissen stand-
halten, die einige der weltweit geschätztesten und unvorein-
genommensten Denker wie Laotse, Konfuzius, Plato, Sokrates,
Aristoteles, Seneca, Aurelius, Descartes, Emerson, Thoreau,
James, Nietzsche, Hesse, Gibran oder *Tausende* andere respek-
tierte Stimmen der Geschichte zur Bestätigung hervorgebracht
haben. Ich hoffe, dass das vorliegende Buch deinen eigenen
Erfahrungen, deiner Logik und Intuition eines Tages ebenfalls
als Bestätigung dienen kann. Damit will ich nicht sagen, dass du
irgendeine Autorität brauchst außer deiner eigenen, um deinen
Anspruch an die unbestreitbare Schönheit des Lebens und an
deine unabänderliche Macht geltend zu machen.

Ich bin mir natürlich dessen bewusst, dass man tiefe
Wahrheiten nur begrenzt in Worte fassen kann. Infolge dieser unvermeidlichen Sprachbarriere wirst du überall in diesem Buch auf subtile und dennoch scheinbar unausweich-
liche Widersprüche stoßen. Doch ich verursache lieber eine
kleine vorübergehende Verwirrung, führe dich dafür aber zu
eigenständigem Denken und fördere deine Lust, nach eigenen
Antworten zu suchen.

Wäge alles ab und überprüfe die Einschränkungen
und Widersprüche des Gelesenen, vergiss aber nicht, dein
Augenmerk auf das zu lenken, was in deinem Herzen wider-
hallt, mit deinem Denken übereinstimmt und in deinem Leben
offensichtlich ist. Stößt du aber auf eine Vorstellung, die dich in
keiner Weise berührt, und vorausgesetzt, dass der größte Teil
dieses Buches genau das tut, dann betrachte sie als Einladung,
dich auf der Basis deiner eigenen Verantwortung zu fragen:
Wenn diese Aussage unwahr ist, *was ist dann wahr?*

Wenn ich dich von nichts sonst überzeugt habe, dann ist
es mir zumindest gelungen, dir deine unermessliche Pflicht
zu offenbaren, diese Frage bei allen Dingen im Leben zu stellen, die dein Herz belasten, denn es gibt immer eine Antwort,

um deinen eigenen Frieden und dein Glück zu finden und zu stärken.

Andere Regeln gibt es nicht. Auch keine Hintergedanken. Und auch keine unbekannten Variablen, die gegen dich arbeiten. Du hast tatsächlich die durch *nichts* eingeschränkte Oberherrschaft über alle Dinge, außer vielleicht über deine Verwirrung im Hinblick auf das, was die Wahrheit ist.

Dein »Fels« in diesem Leben wird durch das Verstehen der fundamentalsten Grundlagen unserer Realität entstehen, um die es in diesem Kapitel geht. Dann kannst du die Angst aus deinem Leben verbannen und alles Gute hineinlassen – Frieden, Wohlbefinden, Kreativität, Vertrauen, Gesundheit, Wohlstand, Freundschaften, Glück, Liebe, Erleuchtung, ja tatsächlich *alles*.

Und genau das ist es, was ich mir für dich wünsche.

Du bist nicht hier, um dir deine
Sporen
zu verdienen; das hast du bereits in einem
längst vergessenen **Reich getan**.

Du warst **zuerst** hier.
Vor der Sonne, dem Mond und den Sternen.
Du hast dich entschieden, hier zu sein.
Du bist der Mensch, **der** zu sein du dir
am meisten gewünscht hast.

Du hast vergessen, wer du warst,
bevor dieses **Leben** begann,
damit du jetzt umso gründlicher der Mensch
sein kannst, der du **jetzt** bist.

»Wirklichkeit bedeutet nicht, dass du **schwach** bist
und davon träumst, stark zu werden,
dass du **arm** bist und dir Reichtum erträumst,
dass du **allein** bist und dir Freunde wünschst.
»Wirklichkeit« heißt, dass du stark, reich und unter Freunden
bist und dass du tatsächlich manchmal davon
träumst, all dies nicht zu sein.

Denken ist die einzige Variable des Lebens.
Alles andere wurde schon vor langer,
langer Zeit geregelt.

Auf der grundlegendsten Ebene
begann das Leben, wie wir es kennen,
damit, dass Gott sich daranmachte, durch
uns das zu denken, was niemals zuvor gedacht wurde.

Du bist Gottes *einzige* Chance, du zu sein.
Zu hören, was kein anderer jemals hören,
zu sehen, was kein anderer jemals sehen,
zu denken und zu empfinden, was kein anderer
jemals denken und empfinden wird.
Du bist kostbarer, als du es dir je vorstellen kannst.

Du bist bereits jetzt einer der
wichtigsten
Menschen, der je gelebt hat.

Die »Ursünde« besteht darin, eine illusionäre Welt
zu sehen und zu glauben, sie sei die Wirklichkeit;
Adam biss in den sprichwörtlich illusionären Apfel,
als sei er wirklich,
und fiel deshalb in Ungnade
und aus der Wahrheit.
Jedes Mal, wenn wir auf die Welt um uns herum
so reagieren, als sei sie die Wirklichkeit,
essen wir von der verbotenen Frucht.

Wenn du in Zeit und Raum nach Antworten,
Führung und Sinn suchst,
dann steht dir eine holprige Reise bevor.
Erkennst du jedoch, dass sie bei *dir* Antworten,
Führung und Sinn suchen,
dann wirst du die Welt mitreißen.

Je mehr du auf den äußeren Schein gibst,
auf die Geschichte, die deine physischen Sinne
dir erzählen, und je mehr du dich als Spielstein
der Umstände siehst, in denen du dich befindest,
umso weniger Kontrolle wirst du über sie haben.
Erfreue dich unbedingt an den Umständen,
nur vertraue ihnen nicht.

Nicht das »Unsichtbare« ist Fiktion,
sondern das Sichtbare.
Was du berühren kannst, wird eines Tages verschwinden;
für immer hingegen bleibt, was du empfindest.

Die Wahrheit wird dich nicht nur befreien,
sie wird alle Drachen erschlagen,
alle Ängste vertreiben,
alle Verletzungen heilen,
alles Leere auffüllen,
alles Verwirrende aufklären,
alle Punkte verbinden,
Staub in Gold verwandeln und dafür sorgen,
dass die Sonne aufgeht.

Immer mehr von dem zu erkennen,
was uns bisher entgangen ist,
erklärt die Entwicklung des Bewusstseins vollständig.

Jegliche vorsätzliche Veränderung beruht zuallererst
auf dem Infragestellen der Logik,
die dich zuvor getröstet hat.

Sobald du dir nichts mehr **vormachst,**
verursachst du die größten Durchbrüche,
die schnellsten Aufholjagden
und das rascheste **Vorankommen.**

Wahre Liebe ist vorgegeben, keine Möglichkeit;
etwas **Absolutes,** keine Variable.
Sie hat ihren Ursprung in unserer Göttlichkeit,
nicht in unserer Menschlichkeit.
Sie ist immer **bedingungslos.**

In unserem Leben geht es nicht um **Liebe,**
sondern um die **Abenteuer,**
die zur Liebe führen.
Unsere Abenteuer sind die Variablen,
nicht die Liebe.

Das **Leben** ist nicht nur das, was du siehst,
sondern was du projiziert hast.
Nicht nur das, was du **fühlst,**
sondern was zu fühlen du dich entschieden hast.
Nicht nur das, was du erlebst,
sondern wie du dich daran erinnerst.
Nicht nur **das,** was du gestaltest,
sondern was du zugelassen hast.

Und es handelt nicht nur von den Menschen,
die darin in Erscheinung getreten sind,
sondern von jenen,
die du einbestellt hast.

Es ist paradox, aber deine physischen Sinne
zeigen dir zum einen, woran du glaubst,
und zum anderen, was du wahrnimmst –
zum Glück lässt sich Ersteres leichter verändern.

Bevor es dir gelingt,
vor etwas Beängstigendem davonzulaufen,
kannst du leichter lernen,
dich gar nicht erst zu ängstigen.

Es ist unmöglich, sich zu fürchten,
wenn man in der Wahrheit ruht.

Für gewöhnlich fällt es uns leichter,
mehr zu lieben, als uns weniger zu fürchten,
und es ist wirkungsvoller.

Du kannst dich nur dann fürchten,
  wenn du so tust, als wärst du nicht Herr der Lage.
Dich nur dann einsam fühlen,
  wenn du aufhörst, aktiv zu sein.
  Dich nur dann langweilen,
    wenn du deinem Herzen nicht mehr folgst.
Und dich nur dann überfordert fühlen,
  wenn du Illusionen für Wirklichkeit hältst.

Erst wenn sich dein Glaube an die Mythen
  zum Teil oder gänzlich verliert,
    wird dein Leben zu einem Abenteuer.

Deine Angst löst sich auf,
  wenn du dich erstens daran erinnerst,
    dass du ein spirituelles Wesen bist,
und zweitens, dass ein spirituelles Wesen
  weder etwas verliert noch
dass ihm etwas fortgenommen werden kann,
    was es nicht neu zu erschaffen vermag.

Es kann sein, dass man erst in der Dunkelheit
  in Bedrängnis geraten muss,
    bevor man nach dem Licht sucht.

Dir **stößt** nicht das Leben zu,
sondern **du** stößt dem Leben zu.

Oft heißt es, Veränderung sei im Leben
die einzige Konstante; doch tatsächlich
findet die **einzige** Veränderung
in dir und in deinem Verstehen statt.

Zeit und Raum sind nichts **anderes**
als ein Maß der Selbstwahrnehmung.

Wer im **Denken** frei ist,
der ist auch in allem anderen frei –
ob er es **weiß** oder nicht.

Was du dir wünschst,
das verdienst du auch.

Alle Formen der **Trennung** –
Abgeschnittensein, Gespaltenheit, Krankheit,
Abschied und Lebewohl
– sind vorübergehend.
Wir **sind** ewig.

Wenn man zu einem spirituellen Novizen –
        zu Beginn der menschlichen Evolution –
von Gott spricht, dann mag man »ihn«
        im übertragenen Sinn als zornig,
                prüfend und verurteilend darstellen.

Dem Versierteren – in leichteren Zeiten –
        erklärt man Gott, indem man »sie« oder »ihn«
                als liebevoll und fürsorglich beschreibt,
        allzeit bereit, die Dinge zu unseren
                Gunsten zu manipulieren.

Und jemandem, der sich –
        im letzten Abschnitt menschlicher Entwicklung
        – an der Schwelle zur Erleuchtung befindet,
        bringt man Gott nahe, indem man ihn bittet,
                die Musik lauter zu stellen,
        die Schuhe auszuziehen,
        barfuß im Gras zu gehen,
den Hund von der Leine zu lassen,
        das Türchen des Vogelbauers zu öffnen,
an die frische Luft zu gehen,
        auf einer Welle zu reiten,
auf einem Stern zu träumen, jeden Tag zu tanzen,
        früh aufzustehen, ein Nickerchen zu halten,
lang aufzubleiben, Schokolade zu essen,
        die Liebe zu spüren, Dinge zu verschenken,
sie sich zurückzuverdienen,
        noch mehr wegzugeben und zu lachen.

Der Himmel ist überall, immer, zugleich.
Die Hölle ist, nichts davon zu wissen.

Finde das Gute in *jeder* Lebenslage. Es ist immer da.

Siehe Gott überall, immer, jetzt.
Es gibt keinen Teufel und nicht
das Böse an sich.
Das Böse ist nichts anderes als fehldiagnostiziertes,
ignorantes menschliches Denken.

Ein »jüngstes Gericht« gibt es zwar nicht,
doch Konsequenzen sehr wohl.
Und zu den Konsequenzen falsch verstandener Wahrheiten
des Lebens gehören möglicherweise
Fehlverhalten, sich wiederholende Kreisläufe
und wahrhaft grauenvolle Abenteuer in Zeit
und Raum ... so lange, bis wir
unser Denken in Einklang bringen
mit der Wahrheit,
die aber immer
nur ein paar Gedanken entfernt ist.

Wie lange auch immer du die Magie des Lebens
      ignorierst oder
            unwissentlich gegen ihren Strom anschwimmst,
sobald du aufhörst zu kämpfen,
      befindest du dich wieder im Fluss,
bist das heimgekehrte verlorene Kind und
      wieder voll und ganz in dein Erbe eingesetzt.

Nur drei Dinge
      musst du über Engel wissen:
1. Sie sind wirklich.
2. Manche existieren nur, um dir zu dienen.
3. Am meisten schaffen sie, wenn du sie um Hilfe bittest.

Obwohl du eine überirdische unaufhaltbare
      Schöpferin bist,
darfst du trotzdem Freunde in deinem Team haben,
      die dir von Zeit zu Zeit beispringen.

Vermeide Grauzonen.
      Dort wird der Weg zu Sicherheit und Wohlbefinden
bewacht von den unzuverlässigen Halbwahrheiten namens
      »vielleicht«, »manchmal« und »keine Ahnung«.

Das Leben ist absolut und seine Prinzipien sind hoch-
      genau. In allen Dingen liegt *eine* Wahrheit.

Betrachte alles im Licht der Wahrheit,
und du wirst es niemals mit Traurigkeit,
Mangel oder Einschränkungen zu tun bekommen.
Du erkennst, dass du sicher bist. In Liebe schwimmst.
In der physischen Welt und in den
spirituellen Reichen von Bewunderern umgeben bist.
Dir begegnet nichts als Schönheit,
Vollkommenheit und Sinn.
Und du begreifst: So, wie die schonungslosen Kontraste
von Zeit und Raum dich einzukerkern scheinen,
so gehen mit ihnen unendliche Möglichkeiten einher.

Nichts wird dich mehr befreien als die Wahrheit
und nichts kann dich mehr bremsen,
als sie nicht zu kennen.

Falls dich je die Neugier packt und du dich fragst,
als welcher Mensch du gedacht warst,
dann sieh in den Spiegel und lächle.

Deine Lebensaufgabe besteht weit mehr darin,
du selbst zu sein, als kluge
Entscheidungen zu treffen.

37

Sich verloren zu fühlen, heißt nicht, verloren zu sein.

Alles, was du brauchst, um alles zu haben,
was du willst, befindet sich jetzt bereits in dir.

Gut möglich, dass Vorstellungen von Sinn,
Bedeutung und Schicksal für dich
eine Herausforderung darstellen.
Doch einer Sache kannst du dir immer gewiss sein:
dass nämlich der Geist, der sich den Kosmos
ausgedacht hat, eindeutig eigene Wünsche
und Träume hat ... und die beinhalten
ganz offensichtlich auch dich.

Alles ist im höchsten Maße gut.

Es gibt keine Wahl, die du jemals treffen wirst,
die dich so sehr einschränken könnte,
wie du vielleicht befürchtest.

Beschäftige dich mit dem, was du am meisten tun willst,
und im Nullkommanichts
findet dich deine Aufgabe.

Am wichtigsten ist, dass du hier bist.
Eine Million Mal weniger wichtig ist,
was du hier tust, wann, WO und mit wem.

Du bist nicht hier auf Erden,
um Dinge geschehen zu lassen ...
um Liebe zu verbreiten ...
um die Welt zu einem besseren Ort zu machen
oder um die Dinge akzeptieren zu lernen,
die du nicht ändern kannst.
Du bist nicht hier, um deinen Seelengefährten
oder deinen Lebenssinn zu finden
oder um die Bedürfnisse anderer deinen voranzustellen.
Und du bist ganz bestimmt nicht hier,
um zu leiden, Buße zu tun,
geprüft oder verurteilt zu werden.
Du bist hier, weil du, in einem erhabenen Seinszustand
weit über allem Wundern, dich auf dem Gipfel
deiner Herrlichkeit gefragt hast,
wie es wäre, auch nur flüchtig an Grenzen zu glauben.

Und wenn du das im See der Illusionen,
in dem du schwimmst,
begreifen kannst, dann wirst du auch
begreifen, wie grenzenlos du tatsächlich bist.

Das Menschsein **kennt** eigentlich nur zwei Zustände:
sehr, sehr glücklich und im Begriff sein,
sehr, sehr glücklich zu werden.

»Zu deinem Glück« ist letztlich die Antwort auf
jede »Warum?«-Frage, die du Gott stellen könntest.

Immer hat gerade erst angefangen.
Das langsame Nie kommt gar nicht erst an.
Und glücklich dauert immer **länger** als traurig.
Die Zeit ist wahrhaftig auf deiner Seite.

Glück heißt nicht, dass du dich mit weniger zufriedengibst;
es heißt, dass du zu mehr **bereit** bist.

Manche **Menschen** sind am glücklichsten,
wenn sie unglücklich sind.
Sollen sie **glücklich** sein.

Falls es dir darum geht,
einen Partner fürs Leben zu finden,
mehr Wohlstand zu erlangen,

produktiver zu sein, den Frieden auf Erden zu fördern
oder deine Gesundheit zu verbessern –
diese Dinge werden sich noch schneller einstellen,
wenn du »schon vorher« glücklich bist,
bevor sie eintreffen.

Glück ist keine Pflanze, die du erntest,
wenn deine Träume wahr geworden sind.
Glück ist der Dünger, der ihre Verwirklichung beschleunigt.
Außerdem öffnet Glück die Schleusen,
lässt dein Herz schneller schlagen,
dich wahre Liebe finden,
nährt deinen Geist und befreit deine Seele.

Je weiser du bist, umso leichter wird das Leben.
Doch je glücklicher du bist,
umso weniger hast du es nötig, dass etwas leichter geht.

Versuche unbedingt, das zu ändern, was dir missfällt,
und das zu manifestieren, was du magst,
doch verschiebe dein Glück weder zum Wohl
des einen noch des anderen.

Glück ist immer **eine** deiner Möglichkeiten,
die **dir** niemand verwehren kann.

Wie glücklich du in deinem bisherigen Leben auch warst,
eines Tages wirst du noch glücklicher sein.

Der Weg zur Erleuchtung ist kein Weg,
sondern eine Metapher für die Zeit,
die du benötigst, um – egal unter welchen Bedingungen –
in Freude zu leben.

Wenn dir die Welt unerbittlich erscheint und
Klarheit flüchtig, dann kannst du dein Denken
damit auffrischen, indem du Zeit und Raum
als den Kindergarten des Universums
und nicht als seine Eliteuni erkennst.

Aufgehende Sonnen und plätschernde Bäche.
Tropische Wälder und verträumte Wiesen.
Moderne Wunder und wissenschaftliche Durchbrüche.
Aufregende Entdeckungen und unendliche Grenzen.
Hingebungsvolle Freunde und fürsorgliche Fremde.
Leben und Lieben und Seelen,
die dein Herz zum Platzen bringen können ...

Gelegentlich kommt es dir vielleicht so vor,
als ob eine Menge Land zwischen dem Ort,
an dem du dich befindest, und jenem,
an dem du gern wärst, liegt,
doch der Weg zu deinem Ziel führt geradewegs
durch das Paradies.

Es geht nicht darum zu warten,
bis sich deine Träume verwirklichen,
sondern darum loszulegen –
in dieser magischen Welt, in der Liebe im Überfluss
vorhanden ist. In der Hand Gottes
ist deine kurze Zeit im All rasch vorüber.

Schmetterlinge torkeln durch die Luft,
Leuchtkäfer leuchten, Kometen fallen,
Bäume wachsen, Katzen schnurren und
Schwänze wedeln, weil ein jedes etwas von dir im Augenblick
deiner Wahrnehmung widerspiegelt –
getarnt von den Elementen,
gefangen in der Zeit, um dich an deine
vortreffliche Göttlichkeit zu erinnern.

Falls du dich jemals auf der Autobahn des Lebens
wiederfindest und nach einer Ausfahrt namens
»Leichte Straße« suchst, bist du vermutlich dorthin
gelangt, weil du dieses Schild übersehen hast:
»Zum Paradies hier entlang. Straße im Bau.
Vorsicht: Lichtarbeiter, unsichtbare
Überzeugungen und entwichene Dogmen.
Keine Wendemöglichkeit.«

Das Vollkommene an einem Leben in der Welt
der Illusionen liegt in der Tatsache,
dass du hinterher – egal, was als Nächstes
geschieht – auf jeden Fall reicher bist.

Wenn Menschen die Gelegenheit dazu erhalten,
dann lächeln, springen und tanzen sie.
Sie erschaffen, spielen und lachen.
Sie sind fürsorglich, teilen und lieben.

Diejenigen, die es nicht tun, haben noch nicht erkannt,
dass Chancen etwas sind, was man sich selbst zugesteht.

Welchen Weg du auch beschreitest,
eines Tages wirst du erkennen, dass das Gute
und Schöne das Schlechte und Abscheuliche
bei Weitem übertroffen hat.

Sagt jemand, dass er auch nur ein Mensch ist,
dann erinnere ihn an die Kürze dieses Abenteuers
und dass er über kurz oder lang seine Flügel wiedersehen,
wieder in Zungen sprechen und im feurigen
Triumphwagen Wege in die Ewigkeit brennen wird.

Die Toten haben ausgedient und leben alle
über ihren Tod hinaus.
Niemand stirbt wirklich.

Dem nackten Auge erscheint der Tod zufällig.
Dem Spirituellen erscheint er bestimmt.

Das Leben ist so großartig, dass du,
nachdem du diese Ebene verlassen hast,
selbst Trauer, Angst, Frustration, Wut, Verwirrung
und Einsamkeit schmerzlich vermisst.

Doch du lächelst, wenn du das Vermisste,
sorgfältig gefasst, in deiner Krone
des Mitgefühls entdeckst.

Du weinst Tränen des Glücks, wenn der Schleier
        der Zeit sich hebt und offenbart, dass sich jeder
Augenblick des Lebens, das du geführt hast,
        noch immer entfaltet.

Und du wirst lachen, wenn du erkennst,
        dass du all dies hättest begreifen können,
wenn du der Mensch gewesen wärst, der du jetzt bist.

Das Merkwürdige an dem oftmals langen
        und einsamen Lebensweg ist, dass man am Ende
und im Rückblick feststellt: Er war keines von beidem.

Befürchte nicht, dass du am Ende deines Lebens
        wieder in Gott eingehst, so, wie ein
Stück Würfelzucker sich in einem Heißgetränk auflöst,
        denn auch jetzt lebst du dein Leben in Gott
                und bewahrst dir zugleich deine eigene
strahlende Essenz und deine herrliche Identität.

In Anbetracht der Unsicherheit über das,
        was nach dem Tod geschieht, kann man sich
leicht vorstellen, dass diejenigen, die hinübergegangen sind,
        denen, die noch da sind, erzählen möchten,

wie man nach dem ersten Schock über die sichere Ankunft
– vollkommen intakt, cool wie immer
und gebadet in Liebe –
an der Erde am meisten die betörende Romantik
der Unsicherheit vermisst.

Das soll aber nicht heißen, dass du nicht auch
stürmische Morgen, sternenübersäte Nachthimmel
und alte Bäume, nackte Füße, bellende Hunde, gelbe Käfer,
Erdbeeren, Türglocken, Kaffee,
Jeans und fallende Herbstblätter vermisst.

Es ist gut, sich daran zu erinnern,
dass alle Wege »nach Hause« führen.
Noch besser ist es allerdings, sich klarzumachen,
dass man gar nicht wirklich fortgegangen ist.

2

Wie

»Dinge«

geschehen:

Die Logistik von Magie und Wundern

Monate, bevor du geboren wurdest, habe ich bereits dein Herz schlagen hören. Ein paar Herzschläge früher, und ich hätte vielleicht noch nichts gehört. Es hörte sich an wie ein Geist, der an eine Tür klopft, die sich schließlich zu Zeit und Raum öffnet. »Wunder« ist ein zu schwaches Wort, um diese Zusammenhänge ausreichend zu beschreiben.

Und seither haben deine Gegenwart und dein Wachstum vor unseren Augen magische Momente herbeigeführt. Wenn Menschen sich doch nur bewusst machen würden, wie viele Wunder sie jeden Tag mit ihrer bloßen Anwesenheit vollbringen, nichts würde uns mehr überfordern, ängstigen oder uns unmöglich erscheinen.

Ein weiteres großes Aha-Erlebnis in meinem Leben war die Erkenntnis, dass Wunder nicht unbedingt die physikalischen Gesetze des Universums außer Kraft setzen müssen, um uns umzuhauen oder sprachlos zu machen, und das gilt für die meisten von ihnen. Während du lernst, dir deiner selbst bewusst zu werden, stellst du im Rückblick sogar fest, dass die meisten deiner erstaunlichen Leistungen durch eine unwahrscheinliche und doch ziemlich gewöhnliche Ereigniskette hervorgerufen werden.

So führt etwa das Träumen von einem Märchenprinzen (lass dir damit bitte noch Zeit), gefolgt von folgerichtigem, wohlüberlegtem Handeln und unbeeinträchtigt von Missverständnissen und Unvereinbarkeiten, *tatsächlich* zu einer Begegnung mit dem erträumten Märchenprinzen ... Auch wenn nur eine scheinbar natürliche Abfolge »alltäglicher« Ereignisse vorausgeht, die sich »zufällig« passend aneinanderreihen, ist jedes von ihnen absolut entscheidend und exakt terminiert und *würde ohne den ursprünglichen Traum niemals stattgefunden haben*. Denn jegliche Manifestation beginnt mit einem *Wunschziel*, das wiederum die richtigen Ideen, Umstände und Menschen *anzieht*. Letztendlich ein Leben zu erschaffen, das dem ähnelt oder das *übertrifft*, woran man ursprünglich gedacht hat. Die meisten Wunder bleiben noch lange da, nachdem sie sich ereignet haben, unsichtbar und unbemerkt. Und doch bewirkst du sie andauernd, so wie wir alle. Menschen sind geborene unaufhaltsame Schöpfer, denen man nicht Einhalt gebieten kann, auch wenn man es wollte. Wir manipulieren Materie mit unseren alltäglichen Gedanken, denn sie sind tatsächlich die *Ergebnisse*, an die wir glauben und nach denen wir unser Handeln ausrichten.

Anfangs können wir uns natürlich gar nicht vorstellen, dass wir dem Leben auf diese Weise »zustoßen«. Zu vieles, was wir uns wünschen, findet nie statt, und zu vieles, was wir uns nie vorgestellt haben, ereignet sich dennoch. Du hast bestimmt genauso viele Einwände und Fragen wie ich damals. Doch wenn du auf der Wahrheit beharrst, dein Herz und deinen Verstand öffnest, dann wirst du schließlich das Offensichtliche erkennen:

- Gedanken werden Realität, es sei denn, ihnen stehen andere deiner Gedanken im Weg.

- Wenn das Undenkbare eintrifft, dann ist es immer nur ein Sprungbrett für eine Reise zu einem ferneren Ziel, *über das du bereits nachgedacht hast.*

- In einer Welt von mehr als sieben Milliarden Mitschöpfern kommen gemeinsame Manifestationen wie das Wetter oder die Wirtschaft zustande, basierend auf den kollektiven Gedanken, Verwirrungen und Verhaltensweisen aller Beteiligten.

- Bevor du zu deinem gegenwärtigen Leben aufgebrochen bist, waren dir die vorherrschenden kollektiven Gedanken bekannt und somit die Wahrscheinlichkeiten für Krieg oder Frieden, Festessen oder Hunger beziehungsweise für Veränderungen oder Umbrüche in der Welt oder in deinem Umfeld: etwa, welche Herausforderungen deine Eltern zu meistern haben und wie deine anderen Familienmitglieder im Leben zurechtkommen. Diese Gegebenheiten spielen bei deinen Plänen für dein Leben entweder eine Rolle oder sie sind bedeutungslos.

- Normalerweise kann keine persönliche Manifestation kollektive Kernüberzeugungen über die Natur der Realität, wie etwa die physikalischen Gesetze, außer Kraft setzen. Sollte dies geschehen, dann würde das Fundament eurer kollektiven Lebensbühne einstürzen. Deshalb ist es unmöglich, angreifende Löwen in zahme Hauskätzchen zu verwandeln. Doch deinen Gedanken folgen Taten, die sich mit ganzer Kraft auf dein Überleben und deine Flucht konzentrieren. Sie könnten eine vorüberziehende Zebraherde dazu veranlassen, die Löwen abzulenken – was ein ebenso wirkungsvolles Wunder wäre.

- Die Gemeinschaft mag dir zwar ausgeflippte Manifestationen (wie die Verwandlung von Löwen in Hauskätzchen) verweigern und du kannst deine Schöpfermacht vorübergehend anderen Mitmenschen überlassen, doch kann dich niemand auf Dauer daran hindern, mehr Freunde und mehr Lachen zu manifestieren oder ein glückliches, erfülltes Leben zu führen.

Und es wird noch besser.
Noch viel besser.
Geradezu unvorstellbar besser.

Deine positiven Gedanken werden mit größerer Wahrscheinlichkeit Realität als deine negativen.

Falls sich das für dich überzogen anhört, dann betrachte die Sache doch einmal folgendermaßen: Hast du nicht öfter gelächelt als böse die Stirn gerunzelt? Mehr gelacht als geweint? Öfter Klarheit statt Verwirrung empfunden? Mehr Freunde als Feinde gehabt? Mehr gesunde als kranke Tage? Bist du nicht öfter in den schwarzen als in den roten Zahlen? Und sind die Unterschiede nicht meist GIGANTISCH? Kannst du dann also erkennen, dass das Leben eben nicht auf dem Fünfzig-fünfzig-Chancenprinzip beruht? Dass es eben »nicht fair« ist? Dass nichts aus deiner Vergangenheit dich daran hindern kann, neu zu denken und damit auch neu zu erschaffen?

Die positiven Gedanken aller Menschen sind in Übereinstimmung mit der Schönheit und Macht, die uns hierhergebracht haben. »Positiv« denken heißt, sich dem Fluss anzuvertrauen, statt gegen die Strömung zu schwimmen. Deshalb ist es wirkungsvoller. Selbst eine kurze positive Einstellung entfaltet mehr Wirkung als vorübergehende Negativität, vorausgesetzt, sie manifestiert sich im Denken *und* im Handeln.

Es wird nicht von dir erwartet, Wunder zu bewirken. Das tust du bereits. Solltest du dich jedoch getrieben fühlen, diese Zusammenhänge noch tiefer zu erforschen, dann rate ich dir, erst einmal zu erkennen, wie du »zufällig« das tust, was du tust, um es dann gezielt, bewusst und mit Hingabe zu tun. Die Lektionen in diesem Kapitel bereiten dich darauf vor, die Logistik des Erschaffens, die Möglichkeiten, das Überschreiten von Grenzen und deine Macht über die Illusionen des Lebens zu verstehen. Im vierten Kapitel vertiefen wir diese Auffassungen mit weiteren Lektionen.

Verstärke das, was du hier lernst, mit den Beweisen, die es überall in deinem Leben gibt. Wir sind dafür gemacht, um zu wachsen. *Du bist dafür gemacht, um zu wachsen.* Das ist unsere »werkseitige« Standardeinstellung *unter absolut allen Umständen.* Der bisherige Erfolg der Menschheit war *trotz* unserer tiefen Naivität möglich, dass Gott wütend sei oder dass wir nur zufällig hier sind! Kannst du dir das Ausmaß an Durchbrüchen vorstellen, die wir erleben werden, wenn alle das Offensichtliche begriffen haben, ihre Ängste loslassen und ihre Macht aktivieren? Das ist es, wohin wir unterwegs sind, und dieser Tag rückt schnell näher.

Ich wünsche mir diesen Tag für dich, jetzt.

Welche Ziele im Leben du auch verfolgst,
sie zu erreichen wird immer auch etwas mit
ein wenig göttlicher Intervention zu tun haben – *deiner eigenen.*

Die Geschwindigkeit, mit der ein Traum verwirklicht
werden kann, hängt immer davon ab, wie klein die
Wunder sein müssen, um den Träumer nicht zu überfordern.

Der Unterschied zwischen »Haben« und »Nicht-Haben«
liegt in deiner eigenen Fantasie.

Drei Dinge werden sich immer
deinen Sinneswahrnehmungen entziehen:
wie Bäume wachsen, wie sich die Erde dreht
und wie Träume wahr werden.
Geh nie davon aus, dass diese Dinge nicht geschehen,
nur weil du etwas anderes siehst.

Umwege, Herausforderungen und Krisen sind einfach
nur Tarnungen für Wunder,
die dich ansonsten nicht erreicht hätten.

Lass es nicht zu, dass dich die Wunder,
die sich noch nicht eingestellt haben,
für die bereits geschehenen blind machen.

Deine Träume sind das,
was das Universum für dich erträumt.

Die meisten Wunder offenbaren sich erst lange
nachdem sie sich ereignet haben.
Es kann also sein, dass sich, während du diese Zeilen liest,
bereits einige große Wunder ereignet haben,
die schon bald alles für dich ändern.

Zu allen Zeiten geschieht zu deinem Wohl weit mehr,
als dir deine physischen Sinne je offenbaren können.

Zwar ist Wissen wirklich Macht,
doch muss man nur sehr wenig wissen,
um zu träumen, zu handeln,
zu manifestieren und glücklich zu sein.

Mehr zu wollen, ist nur das erste von vielen Zeichen,
dass du es bekommen wirst.

»Gedanken werden Realität«
bringt zum Ausdruck,
an welcher Stelle du in der Gleichung
von der Erschaffung der Realität stehst:
Du selbst bist die Schöpferin.

Sterblichen ist nicht klar,
dass sich die physische Welt durch
jeden ihrer Gedanken verändert.
Und vor allem deshalb sind wir sterblich.

Nichts wird dein Leben mehr verändern,
als wenn du es dir anders überlegst.

Erst, wenn du träumst, gibt es eine Form.
Erst, wenn du sprichst, gibt es ein Versprechen.
Erst, wenn du dich in Bewegung setzt, gibt es einen Weg.
Tue all dies, und die Sterne,
die dein Leben beleuchten, werden sich neu ordnen.

Die göttliche Intelligenz hat das physische Universum
nicht erschaffen, indem es Quarks studiert,
Schaubilder entworfen oder Schmetterlinge gezeichnet hat.
Sie tat es, indem sie sich das erwünschte
Ergebnis vorstellte: die Weite,
die Harmonie, die symbiotischen Beziehungen, eine Bühne
als Theater für unsere Lektionen
und einen sofortigen *Urknall*.
Alles andere, was für das Leben erforderlich ist,
auch die Mathematik, die Wissenschaft und
die physikalischen Gesetze des Universums,
wurde spontan geschaffen und in Kraft gesetzt.

Die von dir erwünschten »Ergebnisse« verhalten
sich genauso: Deine Gedanken erzwingen
die Manifestation von Einzelheiten, Umständen,
beteiligten Personen, Zufällen und günstigen Fügungen.

Dein Vermögen ist im Wesentlichen abhängig davon,
was deine Gedanken vermögen.

Die Vorstellungen von Schicksal, Glück, Fügungen
und Unfällen stehen im Gegensatz zu
dem unantastbaren Prinzip »*Gedanken werden Realität*«
oder sind ihm untergeordnet und können dir
daher dein Leben nur zum Teil erklären.

Alte spirituelle Verträge,
        von denen du vermutlich noch lesen wirst,
gibt es wirklich und sie liefern den Rahmen
        für jede Facette deines Lebens.
Doch werden sie jeden Morgen neu geschrieben,
        mit jedem sich entfaltenden Tag ständig
aktualisiert und werden sofort null und nichtig,
        falls sie dich jemals einschränken sollten.

Karma ist ein Phänomen, kein Gesetz,
        das zu den Manifestationen deines Lebens
                und seiner Umstände beiträgt
        und *sich in Übereinstimmung mit deinem Fokus,*
        deinem Verhalten und deinen Überzeugungen befindet.
Wenn dein Fokus, dein Verhalten und
        deine Überzeugungen negativ oder positiv,
                großzügig oder geizig sind,
dann wirst du entsprechend geben und empfangen;
        was du säst, wirst du ernten.
Doch sobald du deinen Fokus, dein Verhalten
        und deine Überzeugungen veränderst,
verändern sich auch deine Erfahrungen, unabhängig
        von jeglichen karmischen »Regieanweisungen«.

Nichts, was in deiner Vergangenheit geschehen ist,
        kann dir deine jetzige Macht nehmen,
neue Gedanken zu wählen, neues Leben zu schaffen
        und glücklich zu sein.

Unsere Überzeugungen sind allmächtig,
weil sie unser Denken inspirieren oder abschalten,
und es sind die Gedanken, die unsere Überzeugungen
unterstützen oder abschalten,
die zu den Dingen und Ereignissen
unseres Lebens werden oder nicht.

Zwar sind deine Überzeugungen überwiegend
unsichtbar, doch das, was sie manifestieren,
wird überall in deinem Leben sichtbar.
Befasse dich mit den Bereichen, die dir missfallen,
und finde heraus, wo ein wenig Innenschau,
Erforschung und Überdenken erforderlich sind.

Unsichtbare einschränkende Überzeugungen besiegst du,
indem du träumst, dich aktiv auf ein neues,
großartiges Leben zubewegst und damit
alle Überzeugungen, die diese neuen Gedanken
daran hindern, Realität zu werden, aus dem Weg räumst.
Und so soll es sein.

Deine Überzeugungen sind nur so lange unsichtbar,
wie du in ihren Grenzen bleibst.
Besser ist es, sich zu strecken und groß zu träumen.

Auch wenn du nicht weißt, welche deiner Überzeugungen
dich einschränken, kannst du dir immer genau
die stärkenden Überzeugungen ausdenken,
die du gern hättest.
Schreib sie auf. Gewöhn dich an sie.
Erkenne ihre Gültigkeit an.
Und dann entscheidest du dich: eine Gelegenheit
nach der anderen und jeden Tag neu.
Deine Wahl triffst du im Sinne des Höchsten in dir.
Bis du gar nicht mehr anders kannst.
Deine Worte sind deine Gedanken,
die ebenfalls Realität werden –
lass sie so sein, wie du es magst und liebst.
Was dir wichtig ist und was du wertschätzt.
Was dir dient und dich glücklich macht.
Was dir Flügel verleiht und dein Herz singen lässt.
Was dich träumen lässt.
Und nur sehr wenig anderes.

Die Beschäftigung mit unerwünschten Themen
sorgt meist dafür, dass sie sich vergrößern
und vermehren.

Wenn du über das redest, »was ist« oder »was war«,
und sei es, um es einem freundlichen Menschen zu
erklären, riskierst du, mehr vom Gleichen
in deine Zukunft zu projizieren.

Sobald du wirklich begriffen hast,
wie das Leben funktioniert,
wirst du selten, wenn überhaupt,
Formulierungen wie »Das ist schwer«,
»Das funktioniert nicht« oder
»Irgendetwas stimmt nicht mit mir« gebrauchen.

Stattdessen wirst du Dinge sagen
wie »Die Zeit dafür wird noch kommen«,
»Zum Glück bin ich reich« oder
»Ich kann keine schlechten Fotos machen«.

Die emotionalen Höhen und Tiefen jedes
einzelnen Tages offenbaren dir genau,
was du im Lauf dieses Tages zu dir selbst gesagt hast.

Der Maurer, der mit dem, was er gebaut hat,
unzufrieden ist, versucht nicht, es zu überformen;
er fängt von vorne an.

Das zu bekommen, was man haben will, verlangt oftmals
nur, dass man mental das loslässt, was man bereits hat.

Nur, **weil** du nicht verurteilt wirst,
lebst du nicht in einer Welt,
die dir gegenüber gleichgültig ist.
Du wirst geliebt, unterstützt und bist erfolgreich.

Deine positiven Gedanken sind mindestens
10 000-mal mächtiger als deine negativen.

Mach dir keine Sorgen, weil du dich sorgst.
Auch die geringsten positiven Gedanken,
Worte und Schritte eines Tages können
eine Wende bewirken und jedes Schiff auf Kurs bringen.

Selbstkorrektur, Rückschläge und Heilung
sind ein Teil deines Wesens und vollkommen normal.

Damit wir im Sichtbaren, Bekannten
und Manifestierten wachsen können,
müssen wir das Unsichtbare,
das Unbekannte und das noch nicht Manifestierte spielen.

Es gibt immer mehr als eine richtige Antwort,
Weg, Möglichkeit, Partner, Nuance oder Geschmack –
also bestehe auf nichts, denn sonst
schließt du alle anderen aus.

Du musst nicht mit dem Tag klarkommen,
sondern mit dem Augenblick.
Nicht den Drachen musst du besiegen, sondern deine Angst.
Und du musst nicht den Weg kennen,
sondern dein Ziel.

Das »Bermudadreieck der Manifestation«
beinhaltet drei »Dinge«, bei denen du dir
nie sicher sein kannst, ob du sie auch im kleinsten Detail
erfolgreich im Griff hast:
bestimmte Personen mit ihrer *bestimmten* Verhaltensweise,
wie ein Traum wahr wird
und unwichtige Details
(im Übrigen sind alle Details unwichtig).

Es gibt eine einfache Abhilfe:
Stelle dir Fülle vor, nicht einen Geldbetrag,
liebe, ohne darauf zu beharren,
wen du liebst,
und du kannst ein fantastisches Leben erwarten,
nicht nur Geklingel, Beifall und Klunker.

Um **sicherzugehen**, dass du nicht
in das Bermudadreieck der Manifestation gerätst,
unterstreiche das Ende jedes Wunsches mit der Formel
»**oder besser**«.

Auf dem Wer, Was, Wo, Wann
und anderen **Einzelheiten** zu bestehen,
heißt, ein ansonsten unbegrenztes Universum
einzuschränken.

Befasse dich mit dem, was bei dir Begeisterung auslöst,
nicht mit der Frage nach dem **Wie**.

Das Problem mit Kompromissen, Sparen
und **bescheidenen** Anforderungen ist,
dass sie sich nicht leichter manifestieren
als ihre größeren Gegenstücke.

Die **Magie** des Lebens muss für niedrige
wie hohe Ansprüche gleich viel leisten.

Fürchte dich nicht, dorthin zu gehen,
wo **du** noch nie warst, und zu tun,
was du noch nie getan hast, denn beides ist **notwendig**,

damit du das bekommst, was du noch nie hattest,
und um zu sein, wer du noch nie warst.

Es ist nicht allein die **atemberaubende** Stimme,
die einen Sänger ausmacht,
oder die schlau ausgedachte Geschichte,
die dich zum Schriftsteller macht,
und auch nicht der Haufen Geld,
der dich in einen Wirtschaftskapitän verwandelt.
Es ist der Traum, den du unbedingt
verwirklichen willst,
dass du lieber »scheiterst«,
als in einem anderen Bereich Erfolg zu suchen.

Wenn die **Angst** vor Langeweile größer ist
als die vor dem Versagen,
dann kommen Dinge ins **Rollen**.

Ein **Traum**, dem kein konkretes Handeln folgt,
weist entweder auf widersprüchliche **Gedanken**
oder auf Missverständnisse hin.

Hoffen, **Wünschen** und Beten
sollten niemals mit **Handeln** verwechselt werden.

Du wurdest nicht **geboren**, um zu warten,
sondern um zu **erschaffen**.

Eine **einzige** Sekunde ist notwendig,
um alles auf **fantastische** Weise zum Besseren
hin zu verändern, und eine solche Sekunde bekommst du,
indem du so viele Sekunden *aktiv lebst* wie nur möglich.

Sich von der Wahrheit in Aufregung **versetzen** zu lassen,
reicht niemals aus, um dein Leben zu verändern.
Du musst die **Wahrheit** körperlich leben.

Du musst »es« nicht **richtig** machen,
du musst »es« nur **tun**.

Der **nächste** Schritt auf deinem Weg zum Leben
deiner Träume verbirgt sich wohl kaum
hinter Türen mit der Aufschrift
»toll«, »sexy« oder »herrlich«.

Die Magie des Lebens wirkt durch dich.
Nicht neben dir. Nicht um dich herum.
Nicht für dich. Nicht statt dir.
Durch dich.

Wir haben das Gefühl, dass wir im Leben zwischen
zahlreichen Türen wählen müssen, die sich alle zu
neuen und unterschiedlichen Wegen hin öffnen.
Also sorgen wir uns und planen,
denken nach und strengen uns an,
um sicherzugehen, dass wir an die »richtigen« Türen klopfen.
Aber wir können noch nicht sehen,
dass alle Wege jenseits der Türen
schließlich in den gleichen großen Raum
in ein- und demselben großen Haus und
zu ein- und derselben Party führen.

Auch wenn es Ausnahmen gibt:
Grundsätzlich gilt, je mehr du tust,
desto mehr wird für dich getan.

Großes Handeln für große Träume inmitten von großer
Ungewissheit ist ziemlich genau das, womit jeder,
der je etwas Großes vollbracht hat, anfangen musste.
Und sofort wurde alles erheblich leichter.

Im Leben sind deine Aussichten, einen Volltreffer
zu landen, immer dann umso besser,
je größer dir die Widrigkeiten erscheinen,
mit denen du vor dem Endspurt fertigwerden musst.

Das, was du hast, änderst du, indem du dich veränderst.
Dich änderst du, indem du dein Denken veränderst.
Dein Denken änderst du, indem du
deine Überzeugungen veränderst.
Dabei lenken dich und helfen dir
dein Verlangen nach Veränderung und dein Handeln.

Etwas einfach nur haben oder erreichen zu wollen,
verstärkt die Überzeugung, dass du nicht hast,
was du dir wünschst, und du verewigst diesen Mangel.
Benenne stattdessen das, was du noch nicht hast,
indem du dich im Voraus dafür bedankst,
als hättest du es bereits erhalten.

Wenn du dich für das bedankst, was du bereits hast,
ist dies die entsprechende Manifestation,
deinen Besitz zu erweitern und zu vermehren.

Wenn du für etwas **dankst**, das du noch nicht hast,
als hättest du es bereits erhalten,
soll die entsprechende Manifestation
es in dein Leben ziehen und **erschaffen**.

Gebete, denen es an Überzeugungskraft und
Selbstvertrauen fehlt und die mit einem
Fragezeichen enden wie etwa
»Darf ich? Kann ich? Soll ich?«,
erhalten Antworten wie »**Unbedingt!** Das wäre
am besten! Auf jeden Fall!«.
Die Ergebnisse bleiben aus.
Was ja nicht schlimm ist, es sei denn,
du wolltest Ergebnisse.
Bitte nicht. **Danke.**

Von **Herzen** für das Glück zu danken, das anderen,
egal wem, zuteilwird, wird dir helfen,
ein ähnliches **Glück** zu erlangen.

Nicht durch **Wünschen** wird das Glück in Gang gesetzt,
das Meer geteilt und alles verändert,
sondern es **erwartet** dringend,
dass du dich vorbereitest und im Voraus dafür dankst.

Was du gibst, wird dir gegeben.

Um herauszufinden, mit wie viel
Liebe, Zeit, Energie und Macht
du wirklich gesegnet wurdest, gib davon ab.
Dann erst erfährst du, was Grenzenlosigkeit
wirklich bedeutet.

Geben drückt deine Überzeugung aus,
dass für dich gesorgt ist. Es ist ein Beweis
für dein Vertrauen darauf, dass du gesund bleibst,
dass alles, was du gibst, zu dir zurückkehren wird,
und dass die Liebe das Wichtigste ist.

Und wenn du an diese Dinge glaubst,
dann werden sie zu deiner Realität,
und Fülle wird dir zuteil, als hätten sich
die Schleusen des Himmels über dir geöffnet.

Es ist immer besser, zu viel zu geben,
zu viel zu bezahlen und zu viel zu lieben,
als zu knausern, vor allem dann, wenn du begreifst,
dass ohnehin alles zu dir zurückkommt.

Sobald du **erleuchtet** bist, kannst du weniger tun
und mehr besitzen.
Aber welcher erleuchtete Mensch würde weniger tun wollen,
vor allem, wenn er **erkannt** hat, dass er die Welt
in seinen Händen hält, dass er seine Gedanken Realität
werden lassen und alles tun, sein und haben kann,
was er will, wenn er **stets** tätig und fleißig bleibt?

Inoffiziell würde ich behaupten, dass die eigentliche
Ursache für Einsamkeit nicht ein Mangel an
Freunden, sondern ein Mangel an **Tätigsein** ist.
Und dass in neun von zehn Fällen die Lösung
für **jede** Krise, Schwierigkeit und
Herausforderung – sei es in Beziehungen, im Beruf oder
anderweitig – darin besteht, **aktiv** zu werden.

In einem von zehn Fällen besteht die Lösung darin,
erst **innezuhalten** und sich dann
ans Werk zu machen.

Kaum etwas anderes ist beeindruckender,
als einem Menschen dabei zuzusehen,
wie er in seiner **Tätigkeit** aufgeht, angetrieben vom Sinn
seines Handelns und blind für alles, was ihn vom
Erreichen seines Ziels abhalten könnte.
Jeder, auch du, kann an jedem
beliebigen Tag dieser Mensch sein.

Es ist leichter, sich zu **verlieben** und verliebt zu sein,
wenn man **beschäftigt** ist.

Je beschäftigter du bist, umso schneller verfliegt die Zeit,
umso weniger **Sorgen** machst du dir,
umso mehr Freunde hast du, umso weiter reist du,
umso reicher wirst du, umso schneller kommst du
wieder auf die Füße und umso glücklicher **bist** du.
Außerdem wachsen deine Aussichten ins
Unermessliche, dass du zur **rechten** Zeit
am rechten Ort bist.
Nicht nur, weil du deine Chancen verbesserst,
sondern auch, weil du größeres **Vertrauen** zeigst.

Du kannst nur das tun, was du beherrschst,
mit dem, was du hast, und an dem Ort, wo du bist.
Doch die Planung sorgt dafür,
dass von allem immer **genug** da ist.

Den gelben Ziegelsteinweg deines **Lebens** findest
du am besten, wenn du deinen Weg
auf der staubigen Landstraße beginnst.

Und wenn du dich so in deinen Vorsatz vertiefst,
das **Beste** daraus zu machen, **Spaß** zu haben

und dich herauszufordern,
achtest du gar nicht mehr auf den Weg.

Bis du dich eines schönen, gar nicht weit entfernten Tages
zusammen mit einer neuen besten Freundin gut
und ein winziges bisschen größer fühlst
und beim Blick auf deinen Weg feststellst,
dass er aus »vierundzwanzigkarätigem Gold« besteht.

Du wirst dich lange Zeit fragen, vermutlich,
während du an einem exotischen Fruchtsaft nippst,
an welchem Tag die Verwandlung
eigentlich stattgefunden hat.

Am Ende deines Lebens kannst du »es« nicht mitnehmen,
aber was auch immer du in Zeit und Raum tust,
bist oder hast, es erwartet dich auf der anderen Seite.

Der Weg zur Erleuchtung beinhaltet
bekanntlich viele Stufen.
Meist beginnt er mit faulenden Missverständnissen,
die zu Schmerz führen, der Schmerz wiederum zu
Wachstum, das Wachstum zu Klarheit,
die Klarheit zu Spaß, der Spaß zu Freude
und die Freude zu wahrhaftiger Erleuchtung.

Ich rate dazu, den Anfang zu überspringen
und gleich mit dem Spaß zu beginnen,
wann immer es möglich ist. Und meist ist es möglich.

3

Lernen durch
alles,
was wehtut

Ich wette, der Tag, an dem du diese Zeilen liest, ist wunderschön. Nicht unbedingt sonnig oder fröhlich oder auch nur hell, sondern strahlend vor Möglichkeiten und vollgepackt mit Potenzial. So ist jeder Tag.

Noch vor drei Jahren war es mein Morgenritual, dich umzuziehen, dir dein Frühstück zu geben und dann einen kurzen Spaziergang zu machen, auf dem ich dich an ein paar Häusern vorbeitrug und dann wieder umkehrte. Im Winter packte ich dich in eine Decke ein, und an wärmeren Tagen ließ ich dich mit bloßen Armen und Beinen die Morgenfrische genießen.

Immer hast du deinen Kopf gereckt, mit großen Augen still alles erfasst, was ich gesehen, für dich mit blumigen Worten beschrieben und zu einem weiteren »wunderschönen Tag!« erklärt habe ... angefangen bei der aufgehenden Sonne bis zu den durch die Luft schießenden Vögeln, uns zuwinkenden

Nachbarn auf dem Weg zur Arbeit oder einer Schnecke auf dem Gehweg vor uns.

Als du dann gehen und sprechen konntest, kamst du, vielleicht drei Jahre alt, an manchen Morgen bei Sonnenaufgang in unser Schlafzimmer getappt, um zaghaft und mit noch verschlafener Stimme zu fragen: »Daddy ... ist ... heute ... ein ... schöner ... Tag? Ist es ein schöööner Tag, Daddy?« Und dann, wenn du uns wach gemacht hattest, wurde deine Frage immer dringlicher und du wolltest wissen: »*Ist* heute ein schöner Tag?! Ist *heute* ein schöner Tag?! Ist heute ein *schöner Tag*?!« Dir ging es dabei weniger um die Schönheit des Tages, sondern du wolltest wissen, ob wirklich ein *neuer* Tag angebrochen war – ich glaube, dass du in deiner kindlichen Klugheit einfach darauf vertraut hast, dass jeder Tag schön ist.

Natürlich ist alles, was in jedem Moment eines jeden Tages geschieht, aus Bedeutung, Ordnung und Liebe entstanden – der Inbegriff von Schönheit. Selbst dann, wenn unseren physischen Sinnen etwas alles andere als schön erscheint. Dass solche scheinbaren Widersprüche jedoch unerwartet auftauchen, bedeutet weder, dass du nicht nur dein Leben erschaffst, noch, dass Gott dich »prüfen« will. Wir sind unsere eigenen Lehrer und Tests gibt es nicht, wie du bald erkennen wirst.

Dies ist ein schwieriges Kapitel, weil das, was ich darin mitteilen möchte, naiv, negativ oder einfach nur abwegig klingen könnte. Doch bedenke, wenn du beginnst zu verstehen, dass du ein selbst erschaffenes Leben führst, eingehüllt in Liebe, dann könnte es sein, dass du umso mehr zu lernen hast, je mehr diese sorgfältig überprüften Kapitel dich piksen oder ärgern. Die Vollkommenheit des Lebens existiert nicht nur vorübergehend, sondern fortwährend. Und wenn wir leiden, dann liegt es immer daran, dass uns irgendetwas entgangen ist, und nicht, dass wir einen Fehler in der Welt gefunden haben. Ja, es gibt

Hässlichkeit, aber nie ohne Zweck. Finde den Sinn, und du bist der Heilung dicht auf den Fersen; entdecke die Heilung, und du findest die Liebe.

Verantwortung übernehmen

Dich mit deiner übernatürlichen Macht auseinanderzusetzen, bedeutet, deine übernatürliche Verantwortung zu übernehmen. Für ein erfülltes Leben musst du die Verantwortung für *alles* übernehmen, was dir jemals passiert ist – deine Geburt und Erfahrungen, die dir scheinbar aufgezwungen wurden, eingeschlossen. Wenn dein Traumprinz doch nicht der war, für den du ihn gehalten hast, dann zieh weiter, aber mach dir auch deine Überzeugungen bewusst, die du im Hinblick auf Männer und Beziehungen hast und die dich veranlasst haben, ihn so zu definieren, zu wollen und zu wählen, wie es dir vertraut ist. Anfangs wirst du diese Sichtweise wahrscheinlich höchst unfair finden.

Doch das Leben ist ein Abenteuer in Bezug auf Möglichkeiten und Experimente. Jeder, der sich in dieser frühen Entwicklungsphase unserer Zivilisation für das Leben entschied, traf diese Entscheidung in dem Wissen, dass schreckliche Dinge passieren würden. Sie werden zum Teil durch unsere eigenen Missverständnisse ermöglicht, in einer Zeit, in der unbeabsichtigte Manifestationen die Regel sind. Doch wir wissen auch, dass wir uns inmitten von Schönheit und grenzenlosen Möglichkeiten befinden, in einer Welt, die von der Liebe aufrechterhalten wird. Wir empfanden es eher als unangenehm, dass wir die meisten Umstände verändern können. Wir wussten auch, dass wir unversehrt »nach Hause zurückkehren« würden und, was für die Erfahrung noch wichtiger war, dass die Ewigkeit immer noch ruft, ganz egal, was in der flüchtigen, unwirklichen Illusion von Zeit und Raum gerade geschah.

Indem du Verantwortung für alle Dinge in deinem Leben übernimmst, beanspruchst du deine Macht zurück. Du glaubst nicht länger, *dass andere, das Schicksal oder Gott darüber entscheiden, was mit dir geschieht.* Du bist kein Opfer mehr. Du beginnst, nach deinen eigenen Bedingungen zu leben.

Lebenslektionen

Alle Träume enthalten Herausforderungen. Wenn nicht, dann hättest du bereits, was du willst, und dann gäbe es keine Träume mehr. Das eine kann ohne das andere nicht existieren, doch unsere Herausforderungen offenbaren sich erst, sobald wir uns auf unsere Träume zubewegen. So wird in deinem Traumjob vielleicht von dir verlangt, öffentliche Auftritte zu absolvieren. Oder dein Traumpartner ist noch nicht bereit, mit dir zusammenzuwohnen. Oder du willst ein Buch schreiben und begreifst erst dann, was es dazu alles braucht. Es sind deine Träume, die dich eines Tages zu dem Menschen machen, der du sein kannst und willst. Sie machen dir aber auch den »Preis« bewusst, den du dafür zahlen musst. Wenn du darauf bestehst, kannst du sie dir als Tests vorstellen, die du bestehen musst, doch ist es nicht Gott, der sie dir abverlangt. Sie entstehen durch den Konflikt zwischen deinen bisherigen Gedanken (die dich zum Heute geführt haben) und deinen neuen (die für die Verwirklichung deiner Träume sorgen).

Mit etwas kritischem Abstand wirst du erkennen, dass deine Herausforderungen dir zeigen, wo es deinen Gedanken und Überzeugungen noch an Klarheit fehlt. Es sind Hürden, die sich dir, angepasst an deinen Entwicklungsstand, genau zum richtigen Zeitpunkt in den Weg stellen, nämlich dann, wenn du bereit bist, den nächsten Schritt zu tun. *So funktioniert das.* Deine Träume hast du nicht zufällig, du hast sie so gewählt, damit sie dich auf eine Reise führen, auf der du das lernen kannst, was du lernen willst – vielleicht nicht bewusst, aber auf jeden Fall wirkungsvoll. Denn genau darum geht es: Die Erfüllung deiner Träume liegt außerhalb deiner Reichweite, *damit du dich danach streckst!*

Wie verzweifelt ich mir wünsche, dass du niemals ein gebrochenes Herz erleiden musst, niemals erfährst, wie es ist, hintergangen zu werden, dich nicht verloren, wertlos, ungenügend fühlst – die Liste ließe sich endlos fortsetzen. Doch wenn ich über mein eigenes Leben nachdenke, dann finde ich es beängstigend, wie viel weniger ich heute wäre, wenn all das von mir ferngehalten und mir die spirituelle Einsicht und die emotionale Weisheit vorenthalten worden wäre, die meine Niederlagen, mein Schmerz und meine Demütigungen mit sich brachten. Diese Narben haben mir für meine weiteren Lebensaufgaben Kraft verliehen und mir Liebe und Selbstvertrauen in einem Maß ermöglicht, das ich mir früher nicht einmal hätte vorstellen können.

Die emotionalen Schmerzen, die dir zwangsläufig bevorstehen, werden mir ebenso wehtun wie dir, doch sie zu vermeiden, ist nicht die Lösung. Trotzdem wieder aufstehen, wachsen und gedeihen – darum geht es und darin will ich dich in den folgenden Lektionen unterstützen. In diesem Kapitel geht es darum, Rückschläge und Schwierigkeiten neu zu bewerten. Es soll dir dabei helfen, die Gaben zu nutzen, die in solchen Schwierigkeiten liegen, denn unbedeutende Geschehnisse der Vergangenheit können das Strahlen der Ewigkeit nicht trüben.

Hab dich lieb, und wie.

In Wirklichkeit ist das, was nicht zu deinem Besten war,
eben doch und immer zu deinem Besten gewesen.

Du hast dieses Leben nicht mit dem Hintergedanken
ausgewählt, es könnte frei von Herausforderungen sein.
Du hast es im Wesentlichen gerade wegen
der Herausforderungen gewählt, die du dir wünschst.

Wenn etwas Beunruhigendes, Schwieriges oder
Schmerzhaftes geschieht, dann finde heraus,
was es möglich macht, das sonst
nicht möglich gewesen wäre, und du wirst zumindest
teilweise den Grund dafür finden.

Der Weg zur Erleuchtung muss beinhalten:
das vollständige Übernehmen der
Verantwortung für dein eigenes Glück.
Und das vollständige Übernehmen der Verantwortung
für dein eigenes Unglück.

Natürlich ist es ein Sieg, eine Bestie zu erschlagen,
einen Berg zu versetzen und einen Abgrund zu überwinden.
Ein ganz anderer Sieg ist aber die Erkenntnis,
dass die Bestie, der Berg und der Abgrund
deine eigenen Geschöpfe sind.

Wie könntest du ohne deine Herausforderungen,
Probleme und Schwierigkeiten wissen,
dass du es immer noch mit Missverständnissen
zu tun hast?

Jedes »Nein« bedeutet »noch nicht«.
Jeder Rückschlag bedeutet, »es gibt noch etwas Besseres«.
Jeder Verlust teilt dir mit, dass
»noch mehr für dich drin ist«.
Und jede Enttäuschung verlangt von dir,
»nicht die Mundwinkel hängen zu lassen«.

Nein, wenn sich eine Tür schließt,
dann öffnet sich nicht nur eine neue.
Wenn sich eine Tür schließt, dann setzt der Chor ein,
das Orchester zeigt, was es kann, die Hörner
geben das Zeichen, Ostern und Pfingsten
fallen auf einen Tag und Zehntausende Türen öffnen sich.

Niemand ist verantwortlich dafür, dir zu sagen,
welche »Probleme« du hast, und entgegen
der vorherrschenden Meinung tut es auch niemand.
Und das bedeutet letztlich, dass es nur eine Person
gibt, der du in dieser Angelegenheit vertrauen kannst.

Wo du bist, entspricht nicht dem, wer du bist.

Du lebst nicht, um dich einer Hürde
nach der anderen zu stellen; es ist nicht so,
dass du, wenn du dein heutiges Pensum gemeistert hast,
morgen noch mehr aufgebürdet bekommst.
Zwar gibt es immer noch mehr zu lernen,
aber mit wachsender Weisheit scheinen deine
Herausforderungen weniger und außerdem beherrschbarer
zu werden, und sie erscheinen dir
mehr als Chancen als wie Hürden.

Das einzige echte Problem, das du je haben wirst, ist,
zu glauben, dass du ein Problem hast.

Wenn du dich auf Schwierigkeiten vorbereitest,
dann baust du eine Brücke. Nicht, um dich vor
ihnen zurückzuziehen, sondern um sie zu dir zu führen.

Sobald du erkannt hast, dass jede durchgestandene
Schwierigkeit – jedes aufgeschlagene Knie,
jedes entgangene Geschäft
und jedes gebrochene Herz – sich zu deinem Vorteil auswirkt,
wirst du kaum einen Grund zum Klagen finden.

Jede Herausforderung ist eine Einladung an einen
Ort des Glücks, von dessen Existenz
du noch nicht einmal etwas geahnt hast.

Rückschläge, Verzögerungen und Enttäuschungen
sind wie einzelne Schritte von Mambo,
Tango oder Cha-Cha-Cha:
Wenn du dich mit den Bewegungen beschäftigst,
ohne den Tanz zu kennen, kommen sie dir sinnlos vor.
Doch wenn du das Gesamtbild wahrnimmst,
dann siehst du Poesie in Bewegung.

Falls jemals in deinem Leben ein Ereignis,
ein Mensch oder eine unerwartete gute Nachricht
alles plötzlich und ohne Vorwarnung zum Besseren wendet,
dann sind die Chancen astronomisch hoch,
dass all das wieder geschieht.
Und wieder. Und wieder.

Begriffe wie *Schuld* oder *Opfer* sollten in einem erleuchteten Gespräch keinen Platz haben.
Versuche es stattdessen mit Worten
wie *Schöpferin*, *Abenteurerin* oder *Heldin*.

Wenn du dich bei emotionalem oder physischem Schmerz fragst, wie du das Leben sonst noch sehen könntest, dann ist das ein Zeichen für spirituelle Reife.
Wenn dein Leben bereits richtig gut läuft und du dich fragst, wie du dein Leben sonst noch sehen könntest, dann macht dich das zu einem spirituellen Rockstar.

Wenn du dir selbst nicht unablässig Wachstum abverlangst, dann versäumst du etwas.
Und das, was du versäumst, wird dich schließlich zu Fall bringen, dich zwingen, wiederaufzustehen und den Prozess so lange immer wieder von vorne in Gang zu setzten, bis du begreifst, was du versäumst.
All das kannst du vermeiden, indem du dich auch dann, wenn du meinst, gar nichts zu versäumen, zu fortgesetztem Wachstum verpflichtest.

Du sollst das, was dir unerträglich ist, nicht ertragen, sondern es verändern.

Wut ist fast immer ein Hinweis darauf,
dass du zu lange geschwiegen hast.
Doch statt einer Lösung blockiert sie den Verstand
und lässt das Herz erkalten – ausgerechnet
zu einem Zeitpunkt, wenn beides am meisten gebraucht wird.

Für gewöhnlich kann dich der Mensch,
auf den du die größte Wut hast, am meisten lehren.
Das bedeutet jedoch nicht zwangsläufig, dass er mit dem,
worüber du dich ärgerst, richtigliegt und du falsch.

Am Ende deines Lebens wirst du dich nicht am liebsten
an deine Kuchen-zum-Frühstück-, Nachmittage-
im-Schlafanzug- und deine Er-liebt-mich-Zeiten
erinnern, sondern an deine Ich-lass-mich-nicht-
unterkriegen-, Ich-stelle-mich-meiner-Angst- und
an deine Ich-liebe-ihn-Zeiten.

Manchmal musst du dich entfernen,
um näher zu kommen.
Loslassen, um deinen Anspruch zu behaupten.
Stillhalten, um voranzukommen.
Geben, um zu empfangen.
Weinen, um die Freude zu spüren.

So tun als ob, um etwas zu verwirklichen.
Etwas fingieren, bevor du es fertigst.

Und gelegentlich musst du dich erst entscheiden,
Liebe zu spüren, bevor du feststellen kannst,
dass sie die ganze Zeit über da war.

Rückschläge sind nur dann vernichtend,
wenn du glaubst, dass sie ewig andauern.
Doch das geschieht nie.

Genau der Punkt, den du bisher erreicht hast,
ermöglicht es dir, die zu sein, die du geworden bist.
Und eines Tages, egal, wo du gerade stehst,
wirst du aufwachen und dich so an deinem Leben –
genau so, wie es ist – erfreuen, dass du *rein gar nichts*
gegen deine Vergangenheit eintauschen würdest,
genau so, wie sie war ... und *wie sie gewesen sein wird,
wenn du dies hier liest.*

Eines der größten Missverständnisse der Menschen über
die Vergangenheit ist die Vorstellung, sie könne den
Rest ihres Lebens beeinträchtigen.

Doch in Wirklichkeit macht die Vergangenheit immer
noch mehr Dinge möglich. Obwohl dir das jetzt
vielleicht sinnlos erscheint, solltest du daran denken,
dass auf der tiefsten Ebene jeglicher Schmerz
selbst verursacht wird.
Und sobald dir dies sinnvoll erscheint,
wird es dir eine wichtige Erkenntnis sein.

Wohl kaum jemand würde sich jemals in ein Abenteuer
stürzen, wenn er oder sie wüsste, dass er sich
hoffnungslos verrennen, mit gebrochenem Herzen daraus
hervorgehen oder sich wünschen würde,
nie geboren worden zu sein.
Doch absolut jeder würde sich dafür entscheiden,
wenn er außerdem auch wüsste, dass er oder sie sich
gerade wegen des Chaos rascher finden,
leidenschaftlich verlieben und von da an
für immer glücklich leben wird.

Wenn man seinen Weg finden will,
dann muss man sich zuerst einmal verlaufen.
Um Großes hervorzubringen, musst du klein anfangen.
Um Liebe zu finden, empfinde erst einmal keine.
Gefühle des Verlorenseins, der Kleinheit und der fehlenden
Liebe solltest du als ein Zeichen dafür ansehen,
dass du einen wirklich großen und wagemutigen »Wunsch«
geäußert hast und dass der Manifestationsprozess
bereits im Gange ist.

Von allen **Freuden** auf Erden können sich nur wenige
mit jenem alles krönenden Glücksgefühl vergleichen,
das wir empfinden, wenn wir etwas Schwieriges bewältigt
haben, angesichts von Gefahren erfolgreich waren
oder allen Widrigkeiten zum Trotz gewonnen haben.
Doch in jedem dieser Fälle müssen **ausnahmslos**
die ungünstigen Voraussetzungen, die Gefahren
und die Widrigkeiten an erster Stelle stehen.

Wenn du viel über Ärgerliches oder Störendes **sprichst**,
ist das ein deutlicher Hinweis darauf,
dass du noch etwas zutiefst **Befreiendes** zu lernen hast.

Das, **was** dich heute wie ein Fluch heimsucht,
wird dir morgen ein Segen sein. Jedenfalls dann,
wenn du in einer Welt, die aus nichts als **Wundern**
besteht, an Flüche und Segnungen glauben kannst.

Anders ausgedrückt:
Je mehr Herausforderungen du bewältigst,
umso mehr darfst du dich **freuen**.

Es ist nicht wichtig zu wissen, wie du dich in Schwierigkeiten
gebracht hast, um sie **hinter dir** zu lassen.

Auch wenn die Ordnung des Lebens für dich
nicht immer physisch wahrnehmbar ist –
schon gar nicht in Krisen oder nach Enttäuschungen –,
kannst du aber dennoch immer auf sie
schließen und auf ihre überwältigende Größe.

Dass sich das eben begonnene Kapitel deines Lebens
wie das Schrecklichste anfühlt, könnte eine
Andeutung sein, dass es am Ende
das großartigste gewesen sein wird.

Gestehe, beichte und büße, bevor du es musst,
denn eines Tages wirst du dazu gezwungen.
Und an diesem Tag wirst du erkennen, dass es besser
gewesen wäre, zu handeln und deine Naivität
zu bekunden, statt auf den Überfall zu warten.

Traurigkeit, Angst und Verzweiflung sind weniger Zustände
als Entscheidungen, dich selbst als
geringer wahrzunehmen, als du tatsächlich bist.

Wenn du richtig glücklich bist, kommt es dir so vor,
als seiest du schon immer glücklich gewesen
und würdest es immer sein.
Genauso fühlt es sich an, wenn du richtig traurig, einsam,
deprimiert, gebrochen, krank oder ängstlich bist.

Und so, wie du an einem beliebigen Tag *entscheidest,*
dich zu fühlen, entscheidest du darüber,
wie du dein gesamtes Leben lang empfindest.

Enttäuschungen haben wenig mit den Umständen zu tun,
sondern sind ein Ergebnis deiner Perspektive.

Du kannst mit einem Lidschlag verändern, wie du dich
fühlst, wenn du nur veränderst, was du wichtig findest.

Bei allem, was dich ärgert – gegen Ärger an sich
ist nichts einzuwenden –, mach dir klar,
dass du der Grund bist dafür, dass es dich ärgert.

Andere meinen, dich zu brauchen, weil sie
noch nicht glauben, dass sie selbst bereits alles haben,
was es braucht, um alles zu bekommen, was sie wollen.
Deshalb tun sie so, als hättest du den Schlüssel dafür.

Und manchmal könntest du versucht sein,
auf die gleiche Weise zu denken.

Übe dich darin, alles mit spirituellen Augen zu sehen,
und du wirst feststellen:
keine Zwangslage, die sich nicht in einen Vorteil
verwandeln lässt, kein Feind, der nicht zu einem
Freund werden kann, und keine Last,
die dir nicht auch Flügel verleiht.

Wenn du, während du gerade einem großartigen und
wunderbaren Traum nachjagst, um die nächste
Kurve biegst und sich plötzlich vor dir ein gewaltiges,
unerforschtes Gebirge mit schroffen Abhängen,
spitzem Gestein und unüberwindbaren Felswänden
erhebt, dann betrachte es als Hinweis darauf,
dass dein Traum noch viel lohnenswerter ist,
als du es dir vorgestellt hast.

Wenn sich die Angst zu Wort meldet,
dann hat sie fast immer unrecht.
Es sei denn, du wirst von Gnus gejagt.
Und wenn die Liebe spricht,
dann hat sie fast immer recht – und ist vergnügt.

Wie sehr die Angst auch im Unrecht sein mag,
meist taucht sie genau dann auf,
wenn du zum genau richtigen Zeitpunkt am genau
richtigen Ort bist und genau das tust,
was du tun »solltest«, um am meisten zu lernen.

Wenn sich dir die Angst das nächste Mal
in den Weg stellt, dann frag sie:
»Wie kann ich dich nutzen und
was kann ich durch dich lernen?«

Schau deiner Angst ins Auge, um herauszufinden,
wo du noch wachsen kannst.

In Wahrheit sind die Löwen und Tiger und Bären
des Lebens nur die Engel und Elfen
und Einhörner, die dir getarnt aus den jenseitigen Welten
gefolgt sind und dich piksen, verunsichern
und aufwecken, wann immer du vergisst, dass du träumst.

Wenn du auf Dinge stößt, die dich schmerzen,
traurig machen oder deinem Herzen Kummer
bereiten, dann erinnere dich daran,
dass du das große Ganze nicht siehst.

Wenn du gründlich über die Dinge nachdenkst,
die dir Kummer oder Schrecken bereiten,
dann findest du schließlich zu Freude und Klarheit.

Tatsächlich ist unsere Welt klitzeklein.
Und wenn du das mal so betrachtest,
wird es dich angenehm überraschen,
wie auch deine Herausforderungen schrumpfen.

In einem ersten Schritt kannst du
unangenehme Umstände verändern,
indem du nicht mehr ständig an sie denkst.

Im Umgang mit einer verstörenden Vergangenheit
ist das beste Mittel, in der Gegenwart zu leben.

Weder dein »schlimmster Tag« noch der niedrigste
Tiefstand oder deine größten Herausforderungen
können dich daran hindern, wieder auf die Füße zu kommen
und noch höher aufzusteigen als zuvor.

Wenn du dich in Dunkelheit befindest und ins Licht
zurückkehren willst, dann mach dir klar,
dass du deine ersten paar Schritte im Dunkel tun musst.

Loslassen ist immer leichter als Festhalten.
Und so kann dich das Neue rascher finden.

Es ist einfacher, die Vergangenheit loszulassen,
wenn du erkennst, dass du nicht mehr geliebt
werden kannst als jetzt und dass du dich auf
noch mehr freuen darfst.

Bei allen ernsthaften Verpflichtungen werden sich,
egal, welche Richtung du wählst, alle Elemente
des Lebens so ausrichten, dass sie dir einen Vorteil
verschaffen, und die Karten so verteilt,
dass alles für eine Legendenbildung vorbereitet ist.

Je größer der emotionale Schmerz ist, umso größer
war das Verlangen, so viel wie nur möglich zu lernen.

Sieh dir an, was für die Wahrheit das Schönste ist.
Und was für diese Schönheit schmerzlich sein kann.

Wenn du verwirrt bist, dich nicht entscheiden kannst
oder dich langweilst, dann betrachte alles
aus einer höheren Perspektive.
Denn Verwirrung, Unentschlossenheit und Langeweile sind
Hinweise darauf, dass es diese Perspektive gibt.

Wie auch immer sich die Dinge darstellen – Freunde sind
immer da und Liebe ist immer gegenwärtig.

Nichts geht jemals verloren.
Nicht die Zeit;
denn was zurückliegt,
lebt fort in klugen zukünftigen Entscheidungen.
Nicht das Geld;
denn was ausgegeben ist,
wurde lediglich investiert.
Nicht die Liebe;
denn was verschwunden scheint,
ist nur umgezogen und so nahe,
dass du in deinem Herzen suchen musst, um es zu finden.

Es gibt keinen Schaden, keinen Fehltritt, keinen Verstoß,
der nicht behoben, rückgängig gemacht,
wiedergutgemacht werden kann.

Wenn es dir manchmal so vorkommt,
als seien dir plötzlich und unerwartet deine
Flügel gestutzt worden, dann kann es sein,
dass es dort, wo du jetzt bist,
vielleicht noch mehr zu lernen gibt.

Manchmal legt ein Gefühl der Unzufriedenheit,
Unvollständigkeit oder sogar ein Hauch
von Traurigkeit die Saat für
großartige Leistung und Transformation.

Verantwortung zu übernehmen bedeutet *nicht*,
dass du im Einzelnen verstehen musst,
wie du schmerzhafte Ereignisse herbeiführst.
Du musst lediglich anerkennen,
dass du dabei eine Rolle spielst.

Es bedeutet auch nicht, dass du vergangene
oder gegenwärtige Verletzungen stillschweigend
hinnimmst oder dass es dir verboten ist,
den Mund aufzumachen, um zu protestieren,

dir Gehör zu verschaffen, Anklage zu erheben,

Prozesse anzustrengen oder andere zu warnen.

Außerdem bedeutet es auch nicht, dass du

an allem schuld bist oder Fehler gemacht hast.

Du bist eine uralte Gladiatorin der Liebe und Freude,

die, als sie dieses Leben wählte, *genau wusste, was sie tat.*

Kannst du dir angesichts deiner Großartigkeit

und Lebensfreude vorstellen,

nicht nur Abenteuer der leichten Art zu suchen?

Dass du dir ab und zu, oder sogar

grundsätzlich, größere Herausforderungen *wünschst?*

Dass du dich manchmal sogar in Gefahr begibst,

um anderen den Schmerz zu ersparen?

Dass du herausfinden willst, was du wirklich

erreichen und aushalten kannst?

Wie sehr möchtest du lieben und geliebt werden?

Und das alles unter den verschiedensten Bedingungen?

Je mehr du die Verantwortung für alles, wirklich alles

in deiner Vergangenheit übernimmst,

umso mehr Macht hast du, um alles,

wirklich alles in deiner Zukunft zu verändern.

Solltest du je ein bisschen entmutigt sein,
ohne genau zu wissen, warum ...
oder dich dabei erwischen, wie du über deine Schulter
zurückblickst und dich fragst ... oder
dich manchmal wunderst: *Warum dauert das so lange?* ...
Dann solltest du wissen, dass das typisch ist
für alle Ehrgeizigen.

Am leichtesten kannst du Enttäuschungen vermeiden,
wenn du dich nicht zu der Annahme
verleiten lässt, dein Glück könne von Dingen und
Ereignissen in Zeit und Raum abhängig sein.

Emotionaler Schmerz ist nur die Wahrheit,
die an eine zu lange verschlossene Tür klopft.

Jede Geschichte hat ein glückliches Ende,
falls du an ein Ende glaubst – entweder
in diesem Leben oder danach.
Berücksichtigt man alle Schönheiten des Lebens,
wird jeder vorübergehende Schmerz und
jede Trauer absolut und ohne Zweifel »wertvoll«.

Die dunkelsten Zeiten werden erträglicher,
wenn du dich daran **erinnerst**, dass das Leben,
so, wie du es kennst, nicht die Wirklichkeit ist;
unsere irdische Existenz ist einfach eine
erträumte Welt, in der **Engel** sich ihre Flügel verdienen.

Inzwischen bist du irgendwo »zu Hause«,
friedlich schlafend, eingekuschelt
in Gottes Hand, bist umgeben von alten Freunden,
die es kaum erwarten können,
dass du **aufwachst** und erzählst,
für wen und an welchem Ort du dich glaubtest.

Und wenn alle an der Reihe waren,
seht ihr einander spitzbübisch an
und flüstert gleichzeitig:
»Lasst ... uns ... zurückkehren!«

4

Imagination,
Träume
und Babyschrittchen

Im Sommer, bevor ich dieses Buch zu schreiben begann, haben wir Abend für Abend wochenlang die gleiche Schlacht mit unterschiedlichen Wendungen geschlagen. Du warst Vaiana aus unserem liebsten Disney-Film. Im niedrigen Ende unseres Swimmingpools wohnte deine unsichtbare Familie; sie liebte und akzeptierte mich. Ich war Maui (ebenfalls aus *Vaiana*). Gemeinsam würden wir auf den dicken blauen Schwimmkissen den Ozean überqueren, um zu meiner Familie zu gelangen, die sich im tiefen Bereich des Beckens bei der eingebauten Bank befand und versuchte, den mörderischen Kakamora-Piraten zu entkommen. Schon bald zu Beginn unseres Abenteuers würde die Vulkanherrin Te Fiti (sie und die Piraten waren auch aus *Vaiana* und unsichtbar) ihr Haupt heben und gewaltige Lavafelsen auf uns werfen, während wir versuchten, uns am entfernten Ende des Pools in Sicherheit zu bringen. Du würdest schreien. Ich würde schreien. Wir würden uns mit ganzer Kraft zur Wehr setzen, während die Filmmusik aus den Lautsprechern im Patio dröhnte und im Wald, der unser Zuhause umgibt, verklang. Triumphierend würdest du meine Familie kennenlernen, die dich lieben und akzeptieren würde, und wir würden zurück zu deiner Familie segeln. Jeden Abend. Monatelang.

Was für eine Produktion! Was für ein Sommer! Wir waren ergriffen von einer Kunst, die das Leben imitierte, das die Kunst imitierte! Die Magie des Ozeans, so wunderbar dargestellt von den Autoren dieses großartigen Films, ist genau das, was ich Erwachsenen vermittle, nur dass sie auch an Land funktioniert. Diese Magie ist für uns da, wir sollen sie einsetzen, sie ist intelligent, ein Freund, und sie sehnt sich danach, dich dabei zu unterstützen, *dir selbst zu helfen.*

Mehrfach im Verlauf des Films wird angedeutet, dass »die Magie« Vaiana nur dann hilft:

1. wenn sie einen Traum hat – eine bestimmte Vision, ein Bedürfnis oder ein Ziel,

2. wenn er sie *emotional wirklich* erfüllt (denn sonst würde sie oder ihr Traum *sterben*) und

3. wenn sie *erst*, wie kraftlos auch immer, handelte.

Wieder und wieder warf sie sich in den Ozean, um ihre Insel zu retten, Maui zu finden oder das smaragdgrüne Herz von Te Fiti aufzuspüren. Eine ungeheuerliche Vorstellung, dass diese winzige, schwache Person, die sich in einen Ozean so groß wie der Planet stürzte, irgendetwas würde bewirken können. Doch weil sie es tat, Vertrauen und Erwartung unter Beweis stellte, *reagierte der Ozean.* Er wurde lebendig. Und verstärkte ihre Bemühungen um ein Vielfaches.

Das ist das größte Manifestationsgeheimnis des Lebens: Wenn du einen leidenschaftlichen Traum hast und ihn ernst nimmst, *dann musst du entsprechend handeln, auch wenn du nicht weißt, wie.* Auch wenn es scheinbar hoffnungslos ist. Auch wenn du dir nicht vorstellen kannst, wie und was deine »Babyschrittchen« überhaupt bewirken könnten.

Es ist leicht, sich etwas vorzunehmen und das Ziel ernst zu nehmen. Aber trotzdem zu handeln, auch wenn es so aussieht, als seien deine Aussichten auf Erfolg unendlich gering – dazu bedarf es eines Superhelden. Erst, wenn du handelst, kommt die Magie des Lebens in Gang. Du musst dich aktiv einbringen, sonst kommt keine Geschichte zustande. Tu etwas, tatsächlich *irgend*etwas in die ungefähre Richtung deines Traums, tu es *regelmäßig und beständig*, dann beginnt der magische Wind der Veränderung plötzlich und unerwartet zu wehen.

Sobald das Wasser im Pool zu kalt wurde, um darin zu schwimmen, verlagerte sich deine Vorstellungskraft ins Innere des Hauses. An manchen Abenden im Badezimmer warst du ein Regenbogenkätzchen, dessen Farben sich wie durch Magie erst offenbarten, wenn es ins Wasser eintaucht. An anderen Abenden schnappten wir uns Kinderfarben und strichen die Aluminiumleiter in der Garage in einem viel schöneren Rosa mit Blümchen. Wohin würde sie führen? Ich habe nicht gefragt, denn ist es nicht egal, wohin sie führt, wenn man erst einmal eine rosafarbene, mit Blüten verzierte Leiter hat?

Das waren deine Geschichten, ich war nur der glückliche Typ, der Nebenrollen in deinen Produktionen ergatterte. Und wenn ich mich im Nachhinein über deine Bambi-reife Darstellung wundere, dann staune ich darüber, dass sich vermutlich 97 Prozent unserer Abenteuer im Kopf ereignet haben. Außerdem staune ich darüber, dass sich dies während unseres ganzen Lebens nie ändert, egal, wie alt wir sind oder was wir tun.

Was wir wollen, was wir fürchten, was wir träumen, wie wir uns vorbereiten, wie wir reagieren, was wir ertragen, was wir entscheiden, findet *fast vollständig* im Kopf statt. Selbst wenn du dich jeden einzelnen Tag körperlich betätigst, machen die mentale Planung, Vorbereitung und das sich entwickelnde Drama immer noch mindestens 97 Prozent deiner Erfahrung aus .... das jedenfalls ergibt meine nicht im Entferntesten wissenschaftliche und sicherlich unterschätzte Erhebung. Stimmt's?

Hier also mein Angebot: Wenn du das *innere Spiel* des Lebens früh gemeistert hast, wird der Rest deines Lebens, der kleine Teil, der in Raum und Zeit stattfindet, eine verrückt einfache Talfahrt sein. Trainiere deine Vorstellungskraft, um zu träumen, dich einzubringen, zu spielen und zu handeln. Entfache deine Leidenschaft, um deine Vorfreude zu wecken und zu steigern. Hab genügend Selbstvertrauen, um an dich und deine Reise zu glauben, Widerstandskraft und Geduld zu entwickeln und Möglichkeiten zu schaffen, damit dich die Magie des Lebens erreichen und verwandeln kann.

Vorstellungskraft *ist* Leben. Und deine wird dir beim Wachsen gute Dienste leisten – *vor allem dann, wenn du weißt, was du tust.* Was ganz sicher der Fall sein wird, wenn du dir selbst treu bleibst und lernst, die Stimmen auszublenden, die dich daran hindern wollen, an Magie, Fantasie und die Macht des Spielens zu glauben. Bewahre dir deine unsichtbaren Freunde. Sei unberechenbar. Ein bisschen unvernünftig. Spontan. Sei eine Träumerin.

Höre nicht auf jene, die behaupten, das Leben sei schwer. Dass wir hier sind, um auf die Probe gestellt zu werden. Dass Erfolg etwas mit dem Überleben des Stärksten, schwerer Arbeit und mit Glück zu tun hat. Dass gute Gelegenheiten nur einmal kommen. Wer zuerst kommt, mahlt zuerst. Ganz egal, wie viel du den Menschen, die so etwas zu dir sagen, auch bedeutest.

Glücklicherweise kann man die Wahrheit nur schwer verlieren. Menschen sind trotz ihrer Ängste und ihres Glaubens an Hindernisse auf »irrationale« Weise voller Optimismus. Märchen und Sagen bestehen darauf, dass Träume wahr werden, die Wissenschaft erklärt uns nun, dass es eine Energie für positives Denken gibt, Athleten werden zum Visualisieren angehalten, in meinen Büchern erkläre ich das universelle Gesetz der Anziehung und seit 20 Jahren, dass unsere Gedanken sich *tatsächlich* in die Dinge und Ereignisse unseres Lebens verwandeln.

Um eine der wichtigsten Lektionen dieses Buches zu wiederholen: Dein *Denken* ist es, das dir deinen Platz in der Gleichung der Wirklichkeitsschöpfung gibt. Wie man dieses »Werkzeug« einsetzt und wie man das richtige Maß dafür findet, davon handelt dieses Kapitel. Es ist eine Ergänzung zum zweiten Kapitel, geht aber tiefer darauf ein, wie du deinen Träumen Leben einhauchen kannst.

Stell es dir vor …

In Zeit und Raum jagen wir die Dinge,
die wir in unserer Vorstellung nicht haben –
Liebe, Freundschaft und Fülle –,
während wir uns zugleich Sorgen über die Dinge machen,
von denen wir glauben, sie zu haben – Probleme,
Herausforderungen und Schwierigkeiten.
Bis wir eines Tages die prophetische Kraft
der Vorstellung erkennen.

Wenn du ein Haus in Raum und Zeit bauen willst,
ob aus Mörtel, Gold oder Freundschaft,
betrachte deine Vorstellungskraft als Bauplan,
deinen Wunsch als Finanzierung,
dein Vertrauen als deinen Baumeister und
dein Handeln als Beweis dafür,
dass diese Punkte miteinander verbunden werden.

Jede noch so abwegige Aufgabe als deinen Traumjob
zu betrachten, ist die beste Methode,
um die Art von Veränderungen in deinem Leben in Gang
zu setzen, die deinen Traumjob hervorbringen.

Das Gleiche gilt für jedes Haus, jeden Freund, jeden Tag,
das Leben oder ein Paar Flipflops.

Grinsen von Ohr zu Ohr, Lachen aus ganzem Herzen
und Lächeln wie ein Honigkuchenpferd
sind weit mehr für knisternde Liebesgeschichten,
Gehaltserhöhungen, Lebensverlängerungen und
Kalorienverbrennung verantwortlich,
als sich unsere Zahnärzte, Mediziner und Finanzberater
überhaupt vorstellen können.

Lächeln oder grundloses Lachen sind die besten Gründe,
um zu lächeln oder zu lachen.
Und sie rufen Situationen hervor,
die dir weitere Gründe zum Lachen liefern.

Neues in dein Leben zu holen, läuft darauf hinaus,
dass du dir vorstellst, mit diesem Neuen zu leben.
Das Gleiche gilt auch, wenn du Altes
aus deinem Leben entfernen willst.

Sprich dankbar über die Vergangenheit,
aufgeregt über die Zukunft
und mit einem staunenden Grinsekatzengrinsen
über die Gegenwart.

Sollte dich jemals jemand fragen, ob du erleuchtet bist …
antworte immer mit »Ja!«.
Das Gleiche gilt, wenn dich jemand nach deiner Gesundheit,
deinem Wohlstand und deinem Liebesleben fragt,
die Antwort lautet immer:
»Ja, auf unvorstellbare Weise!«

Im Zweifelsfall erscheine früher, denke weniger,
empfinde mehr, bitte ein einziges Mal,
bedanke dich, erwarte das Beste, wertschätze alles,
gib nie auf, hab Spaß, führe, erfinde, gruppiere um,
zwinkere, entspann dich, lächle und lebe so, als sei
dein Erfolg unvermeidlich, und so wird es sein.

Jedes Vermögen, jeder Neuanfang, jeder Kuss war
zuerst ein Gedanke, ein Flüstern, ein Traum.

Der Trick mit der Vorstellungskraft lautet: Nutze sie.

Kreative Visualisierung ist die Übung mit dem
geringsten Einsatz, aber dem größten Effekt.
Visualisiere an jedem Wochentag – am Wochenende
darfst du dir freinehmen –,
nicht länger als fünf Minuten.
Stell dir deine ersehnten Ziele so vor, als seien sie bereits
verwirklicht, von Emotionen getragen, mit dir
selbst mitten im Bild,
glücklich lächelnd und mit Freudentränen im Gesicht.

Wenn du **wenigstens** so viel visualisierst oder meditierst,
dass du dich fragst, ob du es richtig machst,
dann **machst** du es richtig
und bist anderen immer **voraus**.

Das Geheimnis, das **Leben** deiner Träume zu führen,
lautet, jetzt gleich damit zu beginnen,
in dem dir **möglichen** Maße,
wie bescheiden auch immer das sein mag.
Wenn du nicht weit reisen kannst, dann reise in die Nähe.
Wenn du nicht für eine Mahlzeit ausgehen kannst,
dann iss nur das Dessert auswärts.
Wenn du keinen Reisegefährten hast,
dann sei dein **eigener** Gefährte.

Das Geheimnis von **Wundern** liegt darin,
dass du dein erwünschtes Ergebnis kennst.
Nicht darin, wie du es erreichen sollst.
Fang einfach an.

Falls du jemals ein Wunder brauchst,
dann denke nicht im Geringsten an das Wunder,
sondern an das erwünschte **Ergebnis**.

Entenküken stellen sich erst dann in einer Reihe auf,
wenn ihre Mutter losmarschiert.
Das Gleiche gilt für dich, wenn du deine Vorbereitungen
für die Verwirklichung deines Traums
der Reihe nach abarbeitest.

Nur selten sind die ersten Schritte auf einer Reise
so wie die letzten, weder im Hinblick auf die
Richtung noch auf Geschwindigkeit oder Anmut.
Das bedeutet, dass nichts davon auch
nur annähernd so wichtig ist wie die Tatsache,
dass du überhaupt Schritte machst.

Wenn du einfach anfängst zu »tanzen«, kommt
die »Musik« hinzu, der Tanzpartner,
die riesige Discokugel und alles andere,
was du sonst noch brauchst.
Denn alles, was du brauchst, um eine Reise zu vollenden,
wird erst kommen, wenn du sie begonnen hast.

Das Merkwürdige an der Inspiration ist,
dass sie erst dann ihren Auftritt hat,
wenn du deine Reise begonnen hast, und nicht vorher.

Wenn du deine Reise gerade erst angetreten hast,
dann ist es normal, dass du dich unsicher fühlst.
Schließlich könnte es so aussehen,
als hättest du viel zu verlieren.
Die Wahrheit ist jedoch, dass du an keinem Punkt deiner
Reise niemals wieder so viel zu gewinnen hast.

Lass dich nicht von den schwindelnden Höhen,
die du erreichen wirst, entmutigen und
am Anfangen hindern.
Nur wenige könnten es morgen auf den Gipfel des Mount
Everest schaffen, doch praktisch alle könnten
anfangen, sich auf diesen Weg vorzubereiten.

Es ist wichtiger anzufangen,
als die richtige Richtung zu wählen.

Alles, was du je begonnen hast,
wird für dich zum erwünschten Ende geführt,
wenn du erst einmal angefangen hast.
Erinnere dich daran, wenn du dich das nächste Mal
zu Beginn eines Abenteuers überfordert fühlst.

Die meisten großartigen Ideen wirken anfangs
gar nicht so großartig. Also halte Ausschau nach den
kleinen, die eher bescheiden wirken.

Bis die **wirklich** großartigen Dinge daherkommen,
tue die nicht ganz so großartigen.
Für jene, die große Träume haben, führen die
nicht ganz so großartigen Dinge immer
zu den wirklich **großartigen**.

Große, innovative, die Welt verändernde
Ideen gibt es reichlich.
Menschen, die bereit sind, die winzigen Babyschrittchen
zu **machen**, um sie zu erreichen, sind **selten**.

Es ist in Ordnung, groß zu träumen und klein anzufangen –
etwas anderes wird dir **kaum übrig** bleiben.

Der **eigentliche** Grund dafür, dass viele Menschen
Schwierigkeiten damit haben,
winzige Babyschrittchen zu machen, ist ihre Vorstellung,
dass sie mit diesen winzigen Schrittchen eine
große Entfernung zurücklegen müssen.
Doch sie verkennen, dass jedes Babyschrittchen jenes
rasante und sprunghafte **Wachstum** auslöst,
das in unsichtbaren Reichen zu deinen Gunsten stattfindet.

Die Magie des Lebens ist kein Ersatz für Vernetzung,
Geselligkeit, Planung oder Kaltakquise.
Vielmehr ist diese Art der Kommunikation ein
großartiger Brutapparat,
um die Magie des Lebens in Gang zu setzen.

Hab keine Angst, das Offensichtliche zu tun.
Nicht alle Wunder verstecken sich im Unsichtbaren.
Manche von ihnen lungern hier herum und warten darauf,
dass du anrufst, schreibst oder aufkreuzt.

Es ist besser, geliebt und verloren,
es versucht und versagt, geträumt und das Ziel
verfehlt zu haben, als angstvoll darauf zu warten,
bis man an die Reihe kommt.
Denn Verlust, Versagen und Verfehlen sind nur
vorübergehend, wo hingegen Liebe,
Abenteuer und Traum nie aufhören, sich auszuzahlen.

Du kannst nichts verloren haben,
was du noch immer geben kannst.
Du kannst nicht gescheitert sein,
solange du es weiter versuchst.
Und du kannst dein Ziel nicht verfehlt haben,
wenn du weiterhin zielst.

Wer zum Horizont blickt und dort das Schiff
seiner Träume sucht, der wird es nie finden,
denn er steht mit den Füßen auf den Planken seines Decks.

Hier ein kleiner »Unvermeidbarkeitstest«,
um deinen Fortschritt auf deinem Weg zur
Verwirklichung eines bestimmten Traums zu prüfen:

Du tust etwas, mehr oder weniger jeden Tag.

Fortlaufender Einsatz, wie gering er auch sein mag,
setzt Magie in Gang, füllt Segel, sorgt für Butter auf
dem Brot, wendet das Blatt zu deinen Gunsten,
schafft Vertrauen, ruft Freunde herbei, verbessert
die Gesundheit, verbrennt Kalorien, schafft Fülle,
bewirkt Klarheit, fördert Mut, bewirkt die
Rotation von Planeten und schreibt Schicksale um.

Gute Gelegenheiten hören nie auf, bei dir anzuklopfen.
Du solltest es genauso halten.

Es sind mehr als genug Würmer für alle Vögel da,
egal, ob sie früh oder spät dran sind.
Entscheidend ist, dass du immer wieder zur Stelle bist.

Groß zu denken und klein zu handeln
ist das Gleiche, wie klein zu denken.

Es ist nicht die Größe deiner Träume,
die darüber entscheidet, ob sie wahr werden,
sondern das Ausmaß deines Handelns, mit dem du
ihre unvermeidliche Verwirklichung einleitest.

Manchmal stellt sich der schwerste Weg als der leichteste,
der langsamste als der schnellste heraus.
Doch so großartige Überraschungen bleiben dir
für immer verschlossen,
wenn du nur auf den schnellen und leichten Weg wartest.

Übe. Lerne. Bereite dich vor.
Denke. Handle. Stell dich deinen Bestien.
Bezahl die Zeche, die du für angemessen hältst.
Mach die richten Tanzschritte,
laufe durchs Feuer, warte in der Schlange.
Leg den Samen in die Erde, bearbeite das Feld,
geh zum Markt.
Denn an dem Tag, an dem du alles das bist,
was du dir schon immer erträumt hast,
wird dir kein Preis dafür zu hoch erscheinen.

Die Vorfreude, die dich veranlasst,
die Erfüllung eines Traums zu erlangen,
wird dir im Vergleich zu dem tatsächlich
erlangten Glück immer blass erscheinen.
Dennoch ist es einen Versuch wert,
sich dieses Glück vorzustellen.

Je mehr du dich in unbehagliche Bereiche begibst –
sanft, ein klein wenig, von Zeit zu Zeit –,
umso behaglicher wirst du leben.

Das Gegenteil trifft gleichfalls zu.

Gib die Werkzeuge Intellekt, Logik und
gesunden Menschenverstand nicht auf,
sondern verbinde sie mit deinen Gefühlen,
deinem Selbstvertrauen und deiner Vorstellungskraft.

Etwas vermeiden zu wollen, zieht es magnetisch an.
Dich zu verteidigen, kann dich vollständig
in Anspruch nehmen.
Und dich wegen Dingen zu sorgen, die vielleicht
nie eintreten, erhöht die Wahrscheinlichkeit, dass sie geschehen.

Vergiss nicht, dass alles, was zu besitzen du dir erträumst,
weit weniger ist als alles, was du bereits hast.

Dir selbst darfst du Endtermine setzen,
zum Beispiel »Schreib jeden Monat ein weiteres Kapitel«,
nicht aber dem Universum und seiner Magie,
wie etwa »Bis zum Jahresende will ich
einen Verlag gefunden haben«.
Denn du hast keinen Überblick über die für die
Verwirklichung deines Traums erforderliche
Logistik in Bezug auf deine anderen Wünsche und den
Wünschen der Welt. Du würdest lediglich die
Beschränkung oder den Verlust anderer Träume riskieren.

Um etwas wirklich gut zu tun,
musst du es wirklich gern tun –
das ist das ganze kleine Geheimnis.

Tu es auf deine Art, deshalb bist du hier.

Zu allen Zeiten und unter allen Umständen
sollte die Annahme gelten, dass du gut genug,
würdig genug und liebenswert genug bist.
Und dass du genau die richtige Person bist,
dich am genau richtigen Ort befindest und zur
genau richtigen Zeit das Leben führst, das du dir vorstellst.
Sonst hättest du erst gar nicht solche
Träume erhalten.

Manchmal lernst du mehr über das Leben,
über Liebe und Glück,
wenn du Single bist statt in einer Beziehung,
wenn du arbeitslos bist statt beruflich eingespannt und
wenn du verwirrt bist, statt alles klar zu durchschauen.

Das bedeutet aber nicht, dass du auf Veränderung
verzichten sollst, wenn du dir Veränderung wünschst.
Es bedeutet, dass du deinen Traum von der
Transformation erheblich beschleunigst,
wenn du es dir gestattest, das zu lernen,
was es zu lernen gibt, an welchem Punkt du dich auch immer
befindest, statt dich dagegen zu wehren.

Wenn du nicht weißt, was du als Nächstes tun sollst,
dann vielleicht deshalb, weil du bereits mehr
getan hast, als du dir eingestehst, und weil es Zeit ist,
dich ein bisschen auszuruhen.

Wenn du dich nicht zwischen zwei oder mehr
Möglichkeiten entscheiden kannst,
dann ist möglicherweise die Antwort,
die dir am meisten Frieden bringen würde, noch nicht da.

Bitte, doch erwarte auch.

Praktiziere Hingabe, doch sei auch vorbereitet.

Und Wunder werden sich in Hülle und Fülle ereignen.

Um das zu bekommen, was du wirklich willst,

musst du wissen, was du wirklich willst.

Und um zu wissen, was du wirklich willst,

musst du dich kennen.

Und um dich wirklich zu kennen, musst du du selbst sein.

Und um wirklich du selbst zu sein,

musst du auf dein Herz hören.

Kurzfristige Freuden zum Nachteil langfristiger Träume

zu genießen, ist ebenso verrückt, wie langfristige

Träume zum Nachteil kurzfristiger Freuden zu genießen.

Beides ist gleichermaßen wichtig.

Ungeduld ist ein Zeichen dafür,

dass du vorübergehend vergessen hast,

so zu handeln, als seien deine Träume bereits Wirklichkeit.

Je mehr du dich beeilst, umso langsamer kommst du voran.

Je länger du wartest, umso länger dauert es an.

Es ist durchaus möglich, große, gewaltige, gigantische Träume zu haben und trotzdem überglücklich zu sein, noch bevor sie verwirklicht sind.

Wenn die Dinge sich manchmal länger als erwartet hinziehen, dann will dir dein höheres Selbst lediglich in Erinnerung rufen, dass dir mehr Zeit zur Verfügung steht als gedacht und dass du dich an der Reise erfreuen sollst.

Der kürzeste Weg von hier nach dort – oder von heute zum Leben deiner wildesten Träume – führt über die Freude. Lass dich von ihr leiten.

Wenn du dich lange genug in Zeit und Raum herumtreibst, dann wirst du unvermeidlich lernen, dass Meister zu Meistern werden, indem sie durch das Zwillingstor von Beharrlichkeit und Ausdauer schreiten.

Beharrlichkeit ist kostbar, doch ihr Wert liegt im Handeln, Handeln, Handeln, nicht im Warten, Warten, Warten. Es geht nicht darum, so lange an eine Tür zu klopfen, bis diese eine sich öffnet, sondern an alle Türen zu klopfen, bis eine sich öffnet.

Immer, wenn du Geld ausgibst oder investierst,
egal, ob es wenig oder viel ist, ob es klug geschieht
oder nicht, mach dir bewusst,
dass du Möglichkeiten schaffst, Energie umwandelst,
mit dem Leben tanzt, die Wirtschaft förderst,
Familien hilfst, Armut verringerst, Mut beweist,
andere bestätigst, Angst bekämpfst, Magie ermöglichst und
die Menschheit höher ins Licht hebst.

Es macht sogar noch mehr Spaß, Reichtum zu schaffen,
als Geld auszugeben, achte also darauf, so viel wie
möglich vom einen wie vom anderen zu träumen.

Um Geld zu manifestieren, sollte man sich weniger
auf die Begleiterscheinungen eines guten Lebens
konzentrieren, sondern auf das gute Leben selbst.
Das gilt auch für die Manifestation von Liebe.

Es geht nicht darum, über das Geld nachzudenken,
das einen reich macht, sondern über den Reichtum,
der das Geld hervorbringt.

Es bedarf eines wirklich besonderen Menschen,
der sein Glück im Wohlstand, umgeben von
Freunden, Lachen und unendlichen Wahlmöglichkeiten findet.

Seltsamerweise wäre genau dieselbe Person vermutlich
auch ohne das alles ebenso glücklich,
nur mit Zeit für sich allein, vielleicht mit einem Buch,
ein paar Werkzeugen oder einem Hund.

Wer es zum Millionär gebracht hat, der denkt unweigerlich
mehr an Einnahmen als an Ausgaben.
Und vermutlich auch mehr an Kunden als an Lieferanten;
mehr an Chancen als an Risiken;
mehr an Optionen als an Verpflichtungen;
mehr an Urlaub als an Überstunden;
mehr an Umwege als an Rückschläge;
mehr an Gelegenheiten als an Hindernisse;
und er lächelt häufiger, als die Stirn zu runzeln.

Es ist in Ordnung, materielle Dinge zu lieben;
Materie ist reiner Geist, umso mehr,
als du dich im Geist so viel damit beschäftigt
und sie zum »Leben« erweckt hast.

Am sichersten findest du dich selbst, einen Freund,
schnellen Verdienst, deine Kraft,
indem du einem anderen genau dabei hilfst.

Die Unterstützung anderer ist eine der
fortgeschrittensten Formen von Selbsthilfe.
Wenn du also im Zweifel oder in Schwierigkeiten bist,
dann »hilf dir selbst«.

Richtiger Egoismus ist es, wenn du Gottes
einzigartigen Ausdruck in dir ehrst und
damit dafür sorgst, dass der Wind der Göttlichkeit
in deinem Herzen weht, dessen Melodie
klingt wie keine andere.

Für sich selbst zu sorgen *auf Kosten* anderer ist
nicht Egoismus, sondern Ignoranz.
Um zu wachsen, sind wir alle bis zu einem gewissen Grad
vom großen Ganzen abhängig, und wenn
einer von uns leidet, dann sind wir alle betroffen.

Bewusstes Leben beginnt damit, sich seine Träume
so vorzustellen, als wären sie bereits wahr geworden.
Es geht darum, die Gänge zu wechseln, nie zurückzusehen
und der Mensch zu *sein*, der du schon immer
sein wolltest – dein Verhalten auf die Wirklichkeit *deiner Träume*
hin auszurichten und es nicht auf die
dich umgebenden Illusionen zu stützen.

Ihre Denkungsart soll dir Richtschnur für dein Leben sein – jeder Gedanke, jedes Wort, jede Entscheidung. Wähle den Weg, den sie wählen würden, kleide dich so, wie sie sich kleiden würden, und verbringe deine Freizeit so, wie sie die ihre verbringen würden.

In Zeit und Raum kommt es vor, dass unmittelbar vor der Verwirklichung eines einzigartig großen Traums absoluter Stillstand herrscht.

Falls also in deinem Leben gerade Flaute ist, insbesondere in einer Zeit, nachdem du groß geträumt und gehandelt hast, nimm es als Zeichen.

Das Wichtigste, was ich dir zum Thema »Lebe deine Träume« mit auf den Weg geben könnte, ist vermutlich der Hinweis, dass du es bereits führst.

5

Freunde,

Familie

und Beziehungen

auskosten

Daran wirst du dich nicht mehr erinnern, denn du warst erst zwei Jahre alt: Wir waren auf dem Spielplatz und spielten »dem Anführer folgen«, wobei sich jeder von unserer Zwei-Personen-Polonaise nach vorn drängen wollte. Da stellte sich uns ein kleiner Junge in deinem Alter in den Weg und zwang uns, stehen zu bleiben. Du starrtest erst ihn und dann mich und dann wieder ihn an und dann fragtest du mich in einem hoffnungsvollen, unschuldigen Ton: »Daddy, kannst du ihn verschwinden lassen?«

Ein paar Monate später im gleichen Park kam es dazu, dass du zaghaft zu zwei etwas älteren Mädchen gingst, die mit ihren Schaufeln und Puppen plappernd im Sand der ungenutzten Volleyballanlage saßen. Ich sah zu, wie du dich ihnen bei deiner ersten selbst gewählten sozialen Begegnung nähertest und im Begriff warst, diese neuen besten Freundinnen mit den

magischsten Worten, die du dir
vorstellen konntest, zu begrü-
ßen: »Ich heiße Rebecca. Das
ist mein Daddy.« Mit diesen
Sätzen hast du dich immer unbe-
kannten Menschen vorgestellt. Plötzlich, als seien die beiden
Mädchen verkleidete und mit Samurai-Schwertern ausgerüs-
tete Ninja-Kriegerinnen, schnitt dich die Anführerin der beiden mit einer Drehung ihres Kopfes mitten durch und erklärte
dich für unwürdig: »Nein. Nicht hier. Geh weg!« Mit ihren har-
ten Worten zerriss sie dir und mir das Herz. Sie hatte deine
Hinrichtung so jäh vollzogen, dass ich einen Moment lang hoffte,
du hättest sie nicht verstanden. Doch hatte sie ihren Befehl mit
einer zackigen Armbewegung unterstrichen und der Finger an
ihrem ausgestreckten Arm wies dir genau die Richtung, in die
du verschwinden solltest.

Dein zaghaftes Lächeln war schockierter Hilflosigkeit ge-
wichen. Erstarrt vor Schreck und Kummer, unfähig, auch nur
einen Schritt in irgendeine Richtung zu machen, der wachsende
Schmerz so groß, dass du weder deinen Namen hättest sagen
noch mich rufen können, stiegen dir die Tränen in die Augen,
und ich musste zusehen, wie dich deine Niederlage vernich-
tete, noch während du dich bemühtest, Haltung zu bewahren.
Ich hielt dich in meinen rasch ausgestreckten Armen und du
weintest haltlos. Dein Schmerz war tief. Du warst untröstlich.
Verwirrt. Traurig. Unglücklich. Vernichtet. Nichts vermochte
dich zu beruhigen.

Ich versuchte, dir klarzumachen, dass es keine Rolle
spiele, ob sie nett waren oder nicht, dass sie dein Interesse
nicht wert waren und dass es für uns noch anderes, viel
Interessanteres zu tun gab. Dass das Leben immer noch schön
war und die Sonne weiterhin schien, dass der Tag noch nicht
vorüber war ... aber du konntest mich nicht hören. Krampfhaft

versuchte ich, mir etwas einfallen zu lassen, um die vernichtende Erinnerung an diesen schicksalhaften Tag und die bleibende Narbe auszulöschen ...

Eine Viertelstunde später ging es dir wieder gut. *Wie bitte?*

Ich frage mich, ob du mit 15 oder 25 Jahren oder noch später in deinem Leben die gleiche kurze Regenerationszeit haben wirst. *Mit Erkenntnis* könnte es vielleicht klappen – falls du es überhaupt jemals wieder zulässt, dass dich das launische Benehmen anderer Menschen derart verletzt. Denn mit der nötigen Erkenntnis wüsstest du, dass du dich, wenn es um Zustimmung geht, am besten auf dich selbst verlässt. Du würdest verstehen, dass die Worte und das Verhalten anderer *ihre* Angelegenheiten sind, nicht deine. Und dir wäre bewusst, dass du mehr bist als das, was sich bei einem Schritt auf deinem Lebensweg ereignet. Mit Erkenntnis und Bewusstsein könntest du dich so sehen, wie ich dich jetzt sehe, was dich immer daran erinnern wird, wie sehr du geliebt wirst.

Kaum etwas wird dein Leben so bereichern wie deine Beziehungen, auch wenn nicht immer vorhersehbar ist, was, wann und wie du bereichert wirst. Außerdem wird nicht unbedingt alles so sein, wie du es erhofft hattest. Kaum etwas wird dich so gründlich aufrichten oder so rasch zu Fall bringen wie das, was du mit Liebe lernst. Bis dir am Ende mit einem Herzen, das sich zu öffnen und verletzbar zu sein gelernt hat, klar wird, dass du schon immer selbst für all das Aufrichten und Zu-Fall-Bringen verantwortlich warst.

Natürlich spielen deine Mitmenschen deshalb trotzdem eine wichtige Rolle beim »Bau« deines Lebens – sie spielen die Rolle, die du ihnen gibst. Und umgekehrt darfst du mithelfen, das Leben anderer zu formen. Aber niemand erhält Zugang zu unserem Leben, dem wir nicht vorher die Genehmigung dazu erteilt haben. Ihr vermutliches Handeln und Verhalten sind im Voraus bekannt.

Das heißt, du entscheidest zwar darüber, was in deinem Leben geschieht, doch auf einer tieferen Ebene gestattest du anderen und ihrem Verhalten, das du ihnen mit deinen Gedanken, Worten und Taten entlockst, Zugang zu deinem Abenteuer. Hört sich kompliziert an, ist es aber nicht. Du musst dir lediglich merken, dass diejenigen in deinem Leben sich in Übereinstimmung mit deinen Manifestationen und deinen Lektionen befinden, den gegenwärtigen wie den zukünftigen, genauso wie du mit den ihren. Ihr seid echte Teamgefährten. Durch Liebe aneinandergebunden, wie sehr du auch zappeln und klagen magst. Eure Bedürfnisse, Ängste und Leidenschaften sind miteinander verwoben. Miteinander vereinbar. Ergänzen einander. Heute. Morgen … Auch wenn sich die Gesinnung ändert.

In diesem Kapitel lasse ich dich teilhaben an allem, was ich in meinem Leben über Liebe, Zurückweisung, Verlangen, Teilen, Enttäuschung, Kompromiss und Trennung gelernt habe. Doch ganz gleich, wie sehr es mir gelingt, dein Herz für das Wenige zu öffnen, das ich über die Liebe weiß, du wirst trotzdem für den Rest deines Lebens auf der An- oder Abwesenheit bestimmter Personen bestehen und wie sie sich dir gegenüber verhalten sollen. Sie werden ihrerseits ähnliche Wünsche an dich richten.

Erinnere dich immer daran, wer und was ihr einander seid. Verwandte Geister rücken im romantischen Abenteuer des Lebens zusammen. Ihr seid Kollegen in diesen Illusionen, die lernen sollen, was wahr und wirklich ist. Achtet einander. Erfreut euch der Kameradschaft. Behandelt euch gegenseitig mit der gleichen Freundlichkeit und dem gleichen Respekt. Mach dir klar, dass andere dich aus ihrer Verwirrung heraus verletzen, so wie du sie. Und genau wie du möchten auch sie Entschuldigungen hören und Vergebung erlangen.

Wer auch immer in dein Abenteuer eintritt oder aus ihm herausfällt – sei versichert, dass ich immer da sein werde, in der einen oder anderen Form, um dich aufzufangen, wenn du fällst, um dir Engel zu schicken, wenn du sie rufst, und um dich durch alles hindurch und über alles hinweg zu lieben.

Du bist einfach die Beste.

Du wirst geliebt

Wenn jeder wirklich wüsste, wie sehr er oder
sie geliebt wird, nicht nur »von oben«,
sondern auch von den Menschen in ihrem Leben,
befänden sich überall kleine gemalte Herzen:
auf Schubkarren, in Wolkenkratzern
und in Großraumflugzeugen.

Wenn der Anblick von irgendetwas dir in den Augen
wehtut, dann sieh nicht mehr hin.
Wenn dir der Klang von irgendetwas in den Ohren wehtut,
dann hör nicht mehr hin.
Wenn irgendetwas deinem Herzen wehtut,
dann hör auf, es zu rechtfertigen.

Anfangs fürchtet man das Risiko, die investierte große
Liebe könnte nicht erwidert werden.
Am Ende stellt man jedoch fest, dass große Liebe
immer erwidert wird.

Im Hinblick auf Großzügigkeit, Geduld, Liebe oder
Freundlichkeit zu irren, heißt, nicht zu irren.

Wenn du dich **wirklich** in die Lage eines anderen
Menschen versetzen könntest, hören, was er hört,
sehen, was er sieht, und fühlen, was er fühlt,
dann würdest du dich **aufrichtig** fragen, auf welchem
Planeten dieser Mensch wohl lebt, so sehr würde
sich seine »**Wirklichkeit**« von deiner unterscheiden.

Außerdem wärst du nie wieder so rasch mit einem
Urteil bei der Hand.

Ohne Partner glücklich zu sein, ist der schnellste Weg,
einen möglichen Partner anzuziehen.
Wenn du überhaupt einen möchtest.

Es ist eine der vielen Begleiterscheinungen der **Liebe**,
dass du, je heller dein Licht strahlt,
umso magnetischer wirkst auf ... **alles**.
Motten und Schmetterlinge.
Dabei lernst du, was du wertschätzen und was
du einfach **wegfliegen** lassen willst.

Es gibt keinen **idealen** Beziehungsstatus,
außer natürlich deinen heutigen, gerade jetzt.

Aus **welchen** Gründen auch immer du einem anderen
Menschen Zugang zu deinem Leben gewährst,
bestimmt ist es nicht deshalb,
weil du seine Fehler **finden** willst.

Indem du deine Sicherheitsvorkehrungen **aufstockst**,
veranlasst du den anderen, seine **Angriffe** zu steigern.

Manchmal ist es **hilfreich**, schwierige Menschen
als Fingerzeig darauf zu begreifen,
was man selbst gelegentlich **anderen** zugemutet hat.
Du könntest griesgrämige Menschen so betrachten,
dass sie für sich ein »schwereres« Leben gewählt
haben als du für dich.

Wenn du das suchst, was **gut** ist – an anderen,
in Beziehungen, an dir und an deiner Reise –,
wirst du es immer **finden**.

Dasselbe trifft zu, wenn du nach dem suchst,
was **schlecht** ist.

Du wirst vielleicht nie verstehen,
was sich im Leben anderer abspielt,
doch du kannst immer herausfinden,
wie es um deins bestellt ist.
Mögen dir ihre Unzulänglichkeiten als Inspiration dienen,
um an deinen eigenen zu arbeiten.

Manchmal hatte es der Mensch, dessen Leben am
leichtesten zu sein scheint, am schwersten,
aber es ist ihm ausgezeichnet gelungen,
sich nicht mit der Vergangenheit aufzuhalten,
in der Gegenwart zu leben,
für die Zukunft Träume zu entwickeln
und »dahinzurollen«.

Es ist eine Tatsache, dass die Starken die Schwachen tragen,
die Reichen die Armen, die Gesunden die Kranken
und die Glücklichen die Traurigen.

Und das ist vermutlich deshalb so, weil Erstere
einst versprochen haben, auf diese Weise
denen zu helfen, die zuvor sie getragen haben.

Jeder wird ein Stück weit getragen.

Etwas aus der Perspektive eines anderen
Menschen zu betrachten, könnte dein Leben
von Grund auf verändern.
Und das könnte vielleicht sogar der Grund dafür sein,
dass dieser Mensch überhaupt einen
Auftritt in deinem Leben hat.

In der Zeit mit anderen wirst du lachen und weinen,
in der Zeit alleine wirst du verstehen, warum –
möge beides in deinem Leben vorkommen.

Auseinandersetzungen können auf der intellektuellen Ebene
gewonnen werden, die Liebe nicht.

Fair und vernünftig sein, bringt dir Respekt
und Bewunderung ein, doch aufrichtig
freundlich zu sein, macht dich zu
einem Magneten der Liebe.

Bitte mit Liebe,
und die Antwort könnte dich überraschen.
Höre mit Liebe, und deine Antwort könnte
die anderen überraschen.

Es reicht aus, sich mit Freude, Fülle oder etwas
anderem zu **befassen**, das andere Menschen miteinbezieht,
um vollkommen Fremde in dein Leben zu ziehen;
sie **bringen** diese Dinge mit, vorausgesetzt,
sie sind in Übereinstimmung mit allem anderen,
mit dem du dich beschäftigst.

Sei jederzeit und überall die **Erste**, die lächelt.

Obwohl es oft in **Mode** ist, sich mit dem zu beschäftigen,
was hätte sein können, wird meist
nicht **verstanden**,
dass es wirklich und wahrhaftig nicht sein kann.
Wenn die Leute meinen, die Gegenwart hätte
doch **anders** sein können, als sie es ist,
dann liegt es daran, dass die Vergangenheit anders war,
als sie glauben.

Sei **froh** darüber, dass die Dinge so gekommen sind,
wie sie sind – dir steht noch immer die
Ewigkeit zur Verfügung.

Wenn jemand dich anders als von dir erwartet behandelt,
dann liegt es meist daran,
dass du eine unklare Botschaft aussendest.

Bei allem, womit du andere Menschen enttäuschst
oder verletzt, denke daran, dass du das Beste
getan hast, das du mit dem, was dir zu diesem Zeitpunkt
zur Verfügung stand, tun konntest.

Und das Gleiche trifft auch bei anderen zu,
die dich enttäuschen oder verletzen.

Wenn es darum geht zu wählen,
wer Zugang zu deinem Leben erhalten soll,
achte darauf, seine besten Eigenschaften ebenso
zu würdigen wie alle anderen.

Je mehr du glaubst, dass »Liebe wehtut«,
umso sicherer kannst du sein,
dass es etwas anderes ist, das dich schmerzt,
etwa Stolz, Angst oder die Tatsache, dass du vergessen hast,
wie wunderbar du bist.

Wer sich in einer **wunderbaren** Beziehung befindet,
ist nicht immer auch begabt für Beziehungen.
Und wer sich in einer **herausfordernden** Beziehung
befindet, ist nicht automatisch unbegabt für Beziehungen.

Wie groß auch immer dein **Bedürfnis** ist,
einem anderen zu gefallen, lass es nicht
größer sein als dein Bedürfnis, du selbst zu **sein**.

Vertraue niemandem, der behauptet, dein Glück
sei ihm wichtiger als sein **eigenes**.

Wenn du **endlich** erkennst, worum es
bei diesem Raum-Zeit-Ding wirklich geht,
dann wirst du lachen, dann wirst du weinen
und du wirst unendlich **dankbar** dafür sein,
dass du so viel **geliebt** hast.

Es hat nichts **Unspirituelles**, eine Beziehung
zu beenden, egal aus welchem Grund
oder auch ohne jeglichen Grund, vorausgesetzt,
du tust es mit **Liebe**.

Niemand **schuldet** irgendjemandem irgendwas.
Egal, um wen es sich handelt.
Egal, was er oder sie getan hat.
Egal, **wie sehr** er oder sie behauptet, ohne dich zu leiden.

Diejenigen, die deine Liebe am wenigsten **verdienen**,
sind meist jene, die sie am **meisten** brauchen.

Bei manchen ist es jedoch besser, sie aus der **Entfernung**
zu lieben. Wenigstens eine Zeit lang.
Zum Glück erkennt die **Liebe** den Unterschied nicht.

Je **niedriger** der Preis deiner Liebe ist,
umso höher ist ihr Wert; je geringer die Bedingungen sind,
umso **größer** ist ihre Reichweite.

Die Kriterien dafür, deinen Feind mit einer **Sturzflut**
aus Liebe zu überschütten, bestehen an erster Stelle
darin, dass es keine **Kriterien** geben sollte.

Wenn es dir schwerfällt, Liebe für jemanden aufzubringen,
dann mach einen Anfang mit Sympathie.

Dein »Seelengefährte« ist vielleicht nicht ein Leben
lang ein und dieselbe Person und manchmal
bist du es vielleicht einfach selbst.

Tu nur die Dinge, die du tun willst,
und mit den Menschen, mit denen du sie tun willst.

Folge immer deinem Herzen, es sei denn,
es wurde gebrochen.
Dann musst du es führen.
Zurück zur Liebe.

Herzen sind nie zu groß, um zu heilen,
zu klein, um sich nicht wieder zu erholen,
oder zu müde, um wieder zu lieben.

Wenn du die Wahl hast, zu verletzen oder
verletzt zu werden, zu hintergehen oder
hintergangen zu werden, zu missachten oder
missachtet zu werden, dann entscheide dich
immer, immer, immer für Zweiteres.
Und dann finde erst einmal heraus, wie du es geschafft hast,
in deinem Leben eine solche
Weggabelung einzubauen.

❀

Freundlichkeit siegt immer – gleichgültig,
wie die Dinge zu sein scheinen,
wie demütigend die Aufgabe ist oder wie unfreundlich
die anderen waren.

❀

Wenn jemand über ein Thema spricht,
mit dem du dich nicht auskennst,
kannst du die Ehrlichkeit
und Genauigkeit seiner Worte an dem messen,
was er zu einem dir vertrauten Thema mitgeteilt hat.

Das gilt auch für Autoren.

❀

Bei manchen Menschen kann man
keine ehrliche Antwort erwarten.
Damit sollte deine Frage bereits beantwortet sein.

Am besten geht man davon aus,
dass die anderen die Wahrheit entweder
kennen oder herausfinden werden, denn meistens ist es so.

Sobald du begreifst, dass deine Enttäuschung
über das Verhalten anderer ihren Ursprung immer
in ihrer – oder deiner – mangelnden Reife hat,
statt in ihrer – oder deiner – Unfreundlichkeit,
wird es umso schwieriger, nicht auch weiterhin durch
dein Leben zu hüpfen, aufgedreht vor Freude,
mit Blumenduft in der Nase.

Wenn sich ein Mensch schlecht benimmt,
dann immer deshalb, weil er vergessen hat, wie viel Macht
er eigentlich besitzt, wie schön das Leben ist
und wie sehr er geliebt wird.

Jetzt, in diesem Augenblick, gibt es Menschen,
die nur du erreichen kannst.
Einige von ihnen haben dieses Leben in der
Hoffnung gewählt, dass du daran Anteil nimmst.

Am besten kommt man mit anderen Menschen klar,
indem man sie andere Menschen sein lässt.

Gestatte anderen Menschen, ihre Lektionen selbst
und in ihrer eigenen Geschwindigkeit zu lernen.
Das ist das Beste, was du für sie tun kannst.
Es ist auch sehr sinnvoll,
dir selbst das Gleiche zuzugestehen.

Der einzige Mensch, der deinen Anforderungen
gerecht werden muss, bist du selbst.
Stelle alle anderen davon frei.

Am wirkungsvollsten kann man einen anderen
Menschen verändern, indem man den
eigenen Blick auf ihn ändert – eine Garantie
gibt es jedoch nicht.

Wenn du einen anderen Menschen nicht unbedingt
verändern *musst*, um ihn weiterhin lieben zu können,
dann lass es.
Denn auch nur eine Sache zu verändern,
könnte Auswirkungen auf andere haben.

Solange du einen Menschen, wer immer es auch sein mag,
in deinem Leben halten willst, ist es besser,
ihn zu verstehen, statt ihn zu verändern,
denn das erhöht deine Chancen,
dass er dich in seinem Leben halten möchte.

Wie du im Allgemeinen deine Mitmenschen behandelst,
ist der größte Faktor dafür, wie andere
im Allgemeinen dich behandeln.

Nur bei Paarbeziehungen funktioniert das nicht immer.

Das allerbeste Benehmen und Verhalten einer Person –
in Bezug auf Respekt, Freundlichkeit, Liebe
oder einfach nur Aufmerksamkeit – zu erwarten
und sich darauf *vorzubereiten*, ist keine Garantie.
Aber es erhöht deine Chancen enorm.
Besser, du bestehst nicht auf einem solchen
Verhalten. Denn das steigert deine Chancen, es von jemand
anderem zum richtigen Zeitpunkt zu erhalten,
auf hundert Prozent.

Nichts, was du tun könntest, kann das Glück
irgendeines anderen Menschen garantieren.

Es geht nicht darum, dass sich die Menschen in
deinem Umfeld auf eine bestimmte Weise
verhalten, sondern du solltest solche Menschen anziehen,
deren Verhalten deinen Gedanken, Überzeugungen
und Erwartungen entspricht.

Sobald du dich veränderst, verändern sich auch die
Menschen, die du anziehst, ebenso ihr Verhalten.

Freundliche Worte können Berge versetzen
und Leben verändern.
Doch falls dir gerade keine freundlichen Worte einfallen
oder du nicht den richtigen Zeitpunkt gefunden hast:
Freundliche Gedanken haben dieselbe Wirkung.

Gedanken klingen nach, suchen und finden
den anvisierten Empfänger, unbehindert von Zeit und Raum.

Deine auf andere Menschen gerichteten freundlichen
Gedanken und Handlungen – ein Lächeln,
ein Kompliment oder eine helfende Hand –
säen Samen der Schönheit, Hoffnung und Liebe,

die eines Tages zu einem eindrucksvollen Garten
heranwachsen werden, den *du* als dein
Zuhause bezeichnen wirst.

Vergebung ist nur erforderlich,
wenn ihr Vorwürfe vorausgingen.
Und Vorwürfe kann man nur machen,
wenn ihnen Missverständnisse vorausgehen.

Besser, du gehst davon aus, dass du auf irgendeiner Ebene
und aus irgendeinem Grund entschieden hast,
bei dem mitzumachen, was zwischen dir und dem anderen
geschehen ist. Dadurch beanspruchst du deine Macht
für dich, statt deine Verantwortung aufzugeben in dem
Glauben, dass guten Menschen schlechte Dinge
zustoßen können. Anderenfalls bereitest du dich nur auf
die nächste Niederlage vor.

Mögen dir in deinem Leben Spontaneität und Besonnen-
heit zuteilwerden – beides ist auch beim Küssen nützlich.

Sexuelle Orientierung hat einen ähnlichen
Stellenwert wie Rechts- oder Linkshändigkeit –
es ist kein Zufall, es wird dir nützen und du bist weit,
weit mehr als irgendeine Orientierung.

Gutes Aussehen hat weniger mit dem Körper
als mit dem Kopf zu tun.

Gutes Aussehen verändert sich, Schönheit bleibt.

Manchmal kann man vom Unangenehmen mehr lernen
als vom Angenehmen.

Was du im Leben eines anderen bewirkst,
ist immer geringer als der Einfluss,
den du damit auf dein Leben nimmst.

Erfolg lässt sich besser an empfangenem Lächeln,
Kichern und gehaltenen Händen messen
als in verdienten Euros, eingehaltenen Terminen
und verlorenem Gewicht.

Erkenne alle deine Mitmenschen
an ihren guten Eigenschaften.

Manchmal geht es nicht darum, den perfekten Freund,
Partner oder Clan zu finden, sondern darum,
die Vollkommenheit der Menschen zu entdecken,
die du bereits gefunden hast.

Betrachte jeden Menschen, den du kennenlernst,
als brandneue Gelegenheit, dich aus einem
noch nie da gewesenen Grund zu verlieben.

Freunde sind Freunde, weil sie entdeckt haben,
wie viel sie gemeinsam haben.
Feinde sind ebenfalls Freunde,
die das noch nicht entdeckt haben.

Du profitierst immer von jedem, der in deinem Leben
sein möchte – mehr als von seiner Abwesenheit.

Und sei es, weil du das Selbstbewusstsein erlangst,
um »Ich liebe dich und tschüs« zu sagen.

Wenn du das kleine Mädchen oder den kleinen Jungen
in deinem Gegenüber sehen kannst,
dann stellst du vermutlich fest, dass sie
ihre Maske nicht deshalb tragen, um in dir Angst auszulösen,
sondern um ihre eigene zu verbergen.

Die Angst der anderen zu verstehen, kann dir helfen,
ihren Schmerz und ihr Verhalten zu begreifen.
Und ihre Angst zu verstehen, hilft dir manchmal,
einen Zugang zu deiner eigenen Angst zu finden.

Wenn du dich das nächste Mal über jemanden ärgerst,
dann denke dir: *Danke, dass du mir klargemacht hast,*
dass ich anfange, von dir abhängig zu werden.

Und wenn das nächste Mal jemand deine Meinung
nicht berücksichtigt, dann denke:
Ist schon in Ordnung, ich war auch mal so.

Und wenn dir jemand etwas stiehlt, dann denke:
Das macht nichts, mein Lieferant ist das Universum.

Wenn dich jemand anlügt, dann denke:
Es tut mir leid, dass du das für nötig hältst.

Dich missachtet:
Das dient alles deinem Wachstum und deiner Herrlichkeit.

Sich rüpelhaft benimmt:

Kopf hoch, liebe Seele, das verkraftest du.

Dich verurteilt:

Vielen Dank, dass du mich an deiner Meinung teilhaben lässt.

Wie ein geölter Blitz an dir vorbeifährt:

Gib acht, mein Freund, du wirst geliebt.

Und wenn dich das nächste Mal jemand anlächelt,

dann lächle zurück, als ob ihr ein großartiges

Geheimnis teilen würdet.

Das Großartige an einer tiefen,

einem Erdbeben gleichen Liebe ist,

dass du sie auf jeden richten kannst.

Sende anderen Liebe.

Wünsche ihnen Frieden. Sieh sie glücklich.

Jeden. Immer.

6

Was
alte Seelen
wissen

Ich bin keine »alte Seele«, aber du könntest vielleicht eine sein. Das ist ein Begriff, der eine freundlichere Person bezeichnet, die geduldiger, bedachter und klüger ist als die meisten anderen, und vermutlich über eine Vielzahl an irdischen Erfahrungen verfügt. Das ist möglicherweise, so vermuten manche, ein Erfahrungsschatz, der im Lauf mehrerer Leben gesammelt wurde.

Es ist schwieriger, eine Aussage über das Seelenalter von Kindern zu treffen, weil ihr erst kürzlich auf der anderen Seite wart, »dichter« an unserer Quelle, aus der wir alle hervorgegangen sind. Eure Weltsicht ist weniger kompliziert als die von Erwachsenen. Ich erinnere mich, wie meine Nichte – deine

Cousine – in deinem Alter über den Tod nachdachte. Plötzlich platzte sie heraus: »Mommy, ich weiß, was passiert, wenn wir sterben!«

»Was denn, mein Schatz? Was passiert, wenn wir sterben?«

»Wir kehren zurück zum Normalen.«

Im Augenblick sind wir *weit* vom Normalen entfernt. Aber das habe ich ja bereits geschildert: Wir waren im »Normalen«, als wir uns entschlossen, hierherzukommen. Bevor wir in die Welt der Illusionen eintraten, müssen wir reines Strahlen und Licht gewesen sein. Sogar von hier aus können wir uns vorstellen, dass wir damals in all unserem Glanz ziemlich unglaublich gewesen sein müssen – überall, immer, zugleich, mit Gedanken, die spontan alles veränderten, gebadet in Liebe –, und wir wussten es, befanden uns, im übertragenen Sinne, in Gottes Hand. Wir selbst: *reine* Göttlichkeit. Es gibt nur eine Sache, die damit konkurrieren könnte, die es besser macht, die alle Möglichkeiten in noch mehr Möglichkeiten potenziert: *uns selbst freiwillig zu verlieren, um hier zu sein.* Natürlich nur unter einer Bedingung: unsere garantierte Rückkehr zum »Normalen«! Wer würde sonst freiwillig aufbrechen?

Mein kleines Gehirn kann sich nichts in der ganzen Schöpfung oder unter irgendeinem anderen Himmelsgewölbe vorstellen, das so kühn und genial sein könnte, wie ohne Erinnerung an unsere göttliche Herkunft in Raum und Zeit hineingeboren zu werden. Selbst unseren Weg zu finden, wenn wir uns verlaufen haben, unseren ganzen Mut zusammenzunehmen, wenn uns die Angst packt, und über unendliche Macht zu verfügen, wenn wir vor einer Herausforderung stehen – das ist unglaublich. Den Elementen überlassen, um unsere Vorherrschaft über sie neu zu entdecken – faszinierend. Angetrieben von unseren Leidenschaften, damit wir uns über unsere bescheidenen,

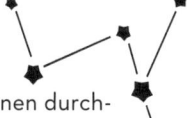

nackten Anfänge erheben und schließlich die Illusionen durchschauen können, die uns hypnotisiert haben. Und das alles nur, um uns schließlich wieder hoch oben auf dem Thron des »kommenden Königreichs« (ich war früher einmal katholisch und liebte den Prunk) wiederzufinden, wo alles seinen Anfang genommen hat.

Es ist jedoch die tiefste Wahrheit, dass wir unseren Thron gar nicht verlassen oder aufgehört haben, göttlich zu sein. Uns aber nicht daran zu erinnern, hat unserem Abenteuer überhaupt erst die richtige Würze verliehen und es ermöglicht.

Ich möchte, dass du anfängst, dich zu erinnern.

Deine Aufgabe hier hast du selbst im Vorfeld für dich festgelegt. Um die Zeit, in der du gelandet bist, in einen Kontext zu stellen: Insgesamt gesehen ist das Seelenalter der heutigen Welt noch recht jung, vergleichbar vielleicht mit einem Teenager, der gerade etwas über Verantwortung und Konsequenzen lernt. Zu diesem Schluss kann man leicht kommen, wenn man sich unser kollektives Verhalten vor Augen führt.

Offenbar befinden wir uns auf einer heiklen Umlaufbahn. An einem kritischen Punkt in der Gestaltung unseres Schicksals, das ausschließlich an den individuellen und kollektiven Entscheidungen hängt, die wir treffen und die zunehmend globale Ausmaße annehmen. Natürlich wussten wir genau, worauf wir uns einlassen, indem wir den Zeitpunkt unserer Geburt in diese Gegenwart hineinverlegten, in der die Welt auf dem Weg aus der Dunkelheit zum Licht ist, von Verwirrung und Angst hin zu Wahrheit und Liebe strebt. Wir wussten, dass wir das spirituelle Erwachen unserer Spezies miterleben würden. Und auch du, hineingeboren in diese Zeit, wusstest, dass während deines Lebens die Chancen für erstaunliche Fortschritte in jedem Bereich des Menschseins durch unsere angeborene Neigung zu Selbstkorrektur und Wachsen hoch sein würden.

Das zu wissen, wird dich hoffentlich erden und beruhigen. Am wichtigsten jedoch sind *deine* Entscheidungen in *diesem* Leben und nicht, wer du warst und was du bei deinen anderen irdischen Aufenthalten getan hast. Dass du dich deinen heutigen Ängsten stellst. Deine heutigen Träume lebst. Dir neue Geschichten ausdenkst. Dich verstehst. Die Lektionen, die in diesem Kapitel folgen, sollen dich genau dorthin führen, während ich versuche, deine möglicherweise noch vorhandenen Fragen zu beantworten und deine Zweifel auszuräumen.

Die Beobachtungen, die ich in diesem Kapitel mache, und die Schlüsse, die ich ziehe, haben den gleichen Ursprung wie in den übrigen Kapiteln: Sie sind eine Mischung aus Erfahrung, Logik und Intuition. In meinem Leben habe ich gelernt, dass ich nur lange genug an einer Frage festhalten muss, vor allem, wenn sie mir Angst macht, und die gesuchte Antwort wird sich unweigerlich einstellen. Auch hier sind meine Vorstellungen nichts Einzigartiges; du würdest selbst auch nicht zu anderen Ergebnissen kommen, wenn dich die Fragestellung interessiert. Ich will dir lediglich einen kleinen Vorsprung verschaffen, damit du, sozusagen »von meiner Schulter aus«, vielleicht einen Blick in Reiche werfen kannst, die ich selbst noch nicht sehen kann.

Halte im Kampf zwischen Herz und Verstand
zu deinem Herzen.
Denn es fällt deinem Verstand leichter, zu deinem
Herzen aufzuschließen als umgekehrt.

Um die ganze Welt zu verändern, musst du dich
als Erstes in sie verlieben, so, wie sie bereits ist.
Das Gleiche gilt, wenn du dich verändern willst.

Manchmal kann ein Mangel an Klarheit tatsächlich
die Klarheit sein, die dir gefehlt hat.

Je älter die Seele ist, umso weicher der Blick,
umso rascher das Lächeln und umso schneller
die Worte »Ich liebe dich«.

Außerdem halten sie gerne Händchen mit denen,
an deren Seite sie gehen.

Wenn du über die Weite des Universums nachdenkst,
dann führe dir vor Augen,
dass es nach innen sogar noch weiter reicht als nach außen.

Eine alte Seele kannst du für gewöhnlich daran erkennen, wie gleichmütig sie Rückschlägen begegnet und wie freundlich sie zu Bäumen ist.

Junge Seelen nutzen Schmerz, um zu lernen, wie die Dinge sind.
Reife Seelen nutzen Schmerz, um herauszufinden, wie die Dinge sonst noch sein könnten.
Und alte Seelen nutzen Schmerz, um zu erfahren, wie sie selbst sonst noch sein könnten.

Zufällige Unbeholfenheit, unerwartete Verlegenheit, befürchtete Unzulänglichkeit und gelegentliches Rotwerden sind nur ein paar Hinweise darauf, dass ein Gigant sich in seiner Größe einrichtet.

Höre immer auf deine Zweifel.

Nicht nur, weil sie dir etwas über deine Ängste sagen, sondern auch, weil sie dir manchmal etwas über deine Weisheit mitteilen.

Diejenigen, die behaupten, nicht zu wissen, was sie tun sollen, wissen für gewöhnlich, was sie tun sollen.

Enttäuschung ohne Ärger ist das Zeichen
für eine alte Seele.

Keine Enttäuschung ist das Zeichen für eine sehr alte Seele.

Und ein so gründliches Vertrauen in das Leben,
dass jeder Schritt wichtiger ist als das Erreichen
des Ziels, ist das Zeichen ewiger Jugend.

Effektives Arbeiten und größere Leistungsfähigkeit
gehören nicht zu den Dingen,
die wirklich und wahrhaftig wichtig sind.

Der Tag wird kommen, wenn er nicht bereits da ist,
an dem dir nichts so wichtig ist,
wie anderen zum Erfolg zu verhelfen und zu
solchem Glück, wie du es gefunden hast.

Du musst auf der Welle des Lebens reiten,
du musst sie nicht erschaffen.

Neun von zehn alten Seelen stimmen darin überein,
dass die Bedeutungslosigkeit von Alter eine der
besten Erkenntnisse ist, die spirituelle Reife mit sich bringt.

Die zehnte Seele?
Klettert draußen auf Bäumen umher und konnte
nicht befragt werden.

Die beste Methode für mehr Freizeit ist,
sie sich zu nehmen.

Um einen Berg zu versetzen,
freunde dich mit ihm an.

Alles, was dir bis zur Lektüre
dieser Worte zugestoßen ist,
war nur Übung für das wirklich Gute, das noch kommt.

Jede Blüte schmückt noch ihre Wiese,
jedes Kind umklammert noch deine Hand und jeder
Freund verweilt noch in deinem Herzen.
Dass ein Zeitfenster sich geschlossen hat,
bedeutet nicht, dass das, was darin sichtbar war, fort ist.

Du brauchst dich von deinen Träumen nicht erschrecken
oder von deinen Ängsten ängstigen lassen,
denn in einer illusionären Welt, deren Schöpfer du bist,
bist du auch überlegen.

Wenn du auf der Straße des Lebens dahinrollst,
dann weißt du selten, wie gut du es hast,
bis du es im Rückspiegel siehst.
Es sei denn, du erinnerst dich schon
während der Fahrt daran, also genau jetzt.

Junge Seelen bauen auf Geheimnisse, Riten und Rituale.
Reife Seelen bauen auf Wissenschaft,
Mathematik und Beweise.
Und alte Seelen bauen auf das, was sie im Inneren sehen.

Das Streben nach Geld als Mittel für alles sollte
immer zweitrangig gegenüber dem Streben
nach der Sache selbst sein.

Die Sonne bittet weder Mond noch Planeten
um Unterstützung, um den Tag zu erhellen,
sondern sie genießt ihre Rolle als Hüterin des Lichts
und als Herrscherin der Morgendämmerung.
Eine Rolle, die ohne Zweifel sehr der deinen ähnelt.

Manche Menschen erblühen spät. Andere sehr spät.
Und wieder andere sehr, sehr spät.
Doch sie alle erblühen. Und je länger es dauert,
umso spektakulärer ist es.

Dein Licht zu dämpfen aus Trauer oder Mitgefühl
für das Leid anderer, hilft niemandem.

Manchmal ist es deine Stillstandzeit,
deine Zu-lange-im-Bett-herumlungern-Zeit,
deine Herumwanderzeit, deine Dem-Regen-zusehen-Zeit
und deine Freitags-blaumachen-Zeit,
die deine größte Leistung hervorbringt.

Wenn du es dir gestattest,
vollkommen unproduktiv zu sein,
und du solche Zwischenspiele wirklich genießen kannst,
dann werden dein Genius, deine Kreativität
und deine Produktivität enorm anwachsen.

Ein Hinweis darauf, dass du dich jenseits von Auras,
klingenden Glocken und heilenden Berührungen
deiner Erleuchtung näherst, ist die Wertschätzung,
die du unproduktiven Tagträumen und
Kreativitätsschüben entgegenbringst.

Und dass du nicht nur mit Pflanzen und Bäumen,
sondern auch mit Autos und Toastern und
Computern freundlich sprichst.

Dass du in öffentlichen Anlagen
bereitwillig Müll einsammelst.

Und dass du eindeutig Dankbarkeit empfindest
für gegenwärtige Herausforderungen,
Liebe für schlechte Autofahrer und Sympathie für
diejenigen, die Dienen nicht als Teil
ihrer Aufgabe erkennen.

Bis du sie letztendlich erlangst, könnte das der Weg sein,
um sich ihr weiter zu nähern.

Es ist vollkommen angemessen und manchmal sogar
ideal, trotz aller Zweifel und Verwirrung zu
behaupten, dass alles gut ist. Glücklich zu sein,
trotz der Herausforderungen. Angesichts von
Schwierigkeiten zu lachen. Ohne Partner zu tanzen.
Ohne Reim zu singen. Und mit unbelebten
Gegenständen zu sprechen.

Vielleicht bist du dann eine alte Seele, wenn du,
trotz der damit verbundenen Herausforderungen,
gern bereit bist, auch dann weitere 10 000 Leben
zu führen, wenn du schon fast ausgelernt hast.
Gefühle der Langeweile oder Ungeduld
sind für gewöhnlich ein Hinweis darauf,
dass du noch weitere Leben zu absolvieren hast.

Zwar mag es von Zeit zu Zeit vorkommen,
dass du andere beneidest, aber genau in diesen
Augenblicken fragst du dich vielleicht,
ob du gern mit ihnen tauschen würdest.
Und dein Neid ist geheilt.

Hinreißend, prachtvoll und *vortrefflich* sind Worte,
die du vor dem Spiegel so oft wie möglich
aussprechen solltest. *Hubba-hubba* geht auch.
Und vergiss nicht, dabei zu lächeln.

In Zeit und Raum wird es noch lange Dinge geben,
die uns nicht gefallen ... Tierversuche, Krieg,
Diskriminierung, Hass, um nur einige zu nennen.
Aber bitte erkenne, dass nur du und alle,
die jetzt leben, etwas dagegen unternehmen können.

Wenn es darum geht, auf Berge zu klettern,
Drachen zu töten oder einfach nur das zu
bekommen, was du willst, dann erinnere dich daran,
dass du einen eingebauten doppelt-geheimen Vorteil hast:
Du bist überirdisch.

Im wahrsten Sinne des Wortes
ist die Welt um dich herum
nur du selbst.

Nur weil alles möglich ist, heißt das nicht,
dass du auch alles tun sollst.
Außerdem ist es ja nicht so, als sei dein Leben endlich.

Du entscheidest darüber, welche Gefühle du hast,
vielleicht aber nicht, was sich danach manifestiert.
Wähle weise.

Junge Seelen schätzen Menschen für ihre Stärke,
reife Seelen schätzen Menschen für ihre
Produktivität und alte Seelen schätzen Menschen.

Primitive Gesellschaften leben nach dem
Gesetz des Stärkeren und die Starken obsiegen.
Fortschrittliche Gesellschaften leben nach dem
Gesetz des Rechts und die Privilegierten obwalten.
Erleuchtete Gesellschaften leben nach dem
Gesetz der Liebe und alle gedeihen.

Bitte eine alte Seele um Entschuldigung,
und deine Geste findet Anerkennung.
Bitte eine junge Seele um Entschuldigung,
und die Dinge werden noch komplizierter.
Entschuldige dich trotzdem.

Was wäre, wenn jede Falte, Narbe und jedes
graue Haar dich noch schöner machen würden?
Wenn jede vergossene Träne, jeder begangene Fehler und
jede bestandene Prüfung dich dem Licht näherbrächte?
Und wenn jeder Atemzug, gesprochene Satz und
gewählte Weg ohrenbetäubenden Jubel hinter den Vorhängen
von Zeit und Raum auslösen würde?
Das genau tun sie.

Die volle Verantwortung für dein Leben zu übernehmen,
heißt, den Spaß nicht zu vergessen.

Der Novize **lernt**, ehrlich zu anderen zu sein in Bezug
auf das Wer, Was, Wann und Wo.

Die **fortgeschrittene** Seele lernt,
ehrlich zu sich selbst zu sein, und stellt fest,
dass »Perspektive« bestimmend ist,
jedoch **rasch** wechseln kann.

Der **Meister** hingegen studiert Ehrlichkeit in Bezug
auf die Motivation, wo sich bislang die Lügen
wirklich **aufgetürmt** haben.

Nicht andere legen fest, ob du ehrlich bist,
sondern deine **eigenen** Worte.
Würde etwa jemand dich auf den schönen Tag hinweisen,
um dich von der Delle, die er gerade in deine
Autotür gefahren hat, abzulenken,
dann wäre er äußerst unehrlich.

Triff niemals eine **Entscheidung**, bevor du es nicht musst.

Wer gibt, dem wird gegeben.
Wer für andere sorgt, der wird versorgt.
Und wer **liebt** ...
altert langsamer, läuft schneller, **springt** höher,
ist ebenso glücklich mit Freunden wie allein,

klettert auf mehr Bäume, hüpft,
wenn er auch gehen könnte,
küsst, wenn er reden könnte,
macht den einen oder anderen Freitag blau,
erlebt schnellere Manifestationen
und ist sehr beliebt bei Tieren.

Würdig zu sein, ist nichts, was du dir verdienst,
es ist etwas, das du erkennst.

Betrachte Arbeit immer als Spiel und Spiel als wichtig,
und schon bald wirst du keinen
Unterschied mehr zwischen beiden sehen.

Ein »unsterbliches Wesen« würde sich nie Sorgen
um die Zukunft machen, reuevoll zurückblicken
oder sich jemals vor irgendetwas fürchten.
Es sei denn, es vergisst, dass es unsterblich ist.

Der Anfänger lehnt Kritik ab.
Der sorgfältige Student erwägt sie.
Und der Meister sagt: »Aber natürlich!«, und weiß,
dass er die Kritik angezogen hat und sie deshalb
anhören muss, ob sie nun zutrifft oder nicht.

Noch nie wurde ein Wort ausgesprochen, das für die
Ohren dessen, der es hört, keine Bedeutung hat.

Kritik wird dem Bedürfnis nach Anerkennung,
Wertschätzung und Bestätigung nicht gerecht.
Denn keines dieser drei Bedürfnisse kann
durch Kritik erfüllt werden.

Zu meinen, dass der Tod eines geliebten Menschen
zur Unzeit kommt, ein Unglück, traurig für den
Dahingeschiedenen oder nur Zufall ist,
heißt, die Vollkommenheit und Ordnung
zu leugnen, die ansonsten in diesem magischen
Dschungel aus Zeit und Raum so
überreichlich zu erkennen ist.

Versuche von Zeit zu Zeit und wenn dein Leben
es dir gerade gestattet, nicht zu praktisch,
logisch oder vorhersehbar zu sein.

Oft wird das, was du missverstehst, von dir angezogen.
Nicht weil du die Lektion brauchst, auch nicht,
weil alles auf diese Weise initiiert werden muss, sondern weil
ihr Gedanken der Ehrfurcht, des Staunens oder
der Kritik vorangingen. Und solche Gedanken gestalten
wie alle Gedanken dein Leben um, um dir mehr
von dem zu liefern, woran du gedacht hast.

Indem du das anziehst, was du noch nicht
verstanden hast, wirst du schließlich so viel Klarheit
hinzugewinnen, um es zu verstehen,
es loszulassen und dich letztlich davon zu befreien.

Spiritualität sollte nicht gesucht werden,
um sich von der materiellen Welt zu befreien,
sondern um sich in sie besser einzubringen.

Manchmal ist den wissenden Menschen nicht klar,
dass sie wissend sind.
Und manchmal glauben Menschen, wissend zu sein,
obwohl sie es nicht sind.
Aber man kann sie immer leicht unterscheiden,
denn Wissen geht einher mit Freundlichkeit.

Wenn du herausfinden willst, ob Menschen in deinem
Umfeld wahrhaftig erleuchtet sind, dann achte
darauf, ob sie andere so behandeln, als ob auch sie
wahrhaftig erleuchtet seien.

Die **vorrangige** Rolle der Liebe ist es nicht,
zu heilen, zu reparieren oder zu flicken.
Nicht, zu besänftigen, wiederherzustellen oder zu lindern.
Nicht einmal, zu erfrischen, verjüngen
oder erneuern.
Die vorrangige Rolle der Liebe ist »Juchu!«,
»Jippie!« und »Hölerödideldö!«.

Den **Unterschied** zwischen einer jungen und einer
alten Seele kennt nur die alte **Seele**,
die nie ein Wort darüber verlieren würde.

Der größte Spaß einer Babyseele
liegt im **Haben**.

Der größte Spaß einer jungen Seele
liegt im **Tun**.

Und der größte Spaß einer alten Seele
liegt im **Sein** –
was für gewöhnlich zu jeder Menge Haben und Tun führt.

Die letztendliche **Meisterschaft** des Lebens
besteht mehr darin, zu wissen, **was** man will,
als zu wissen, wie man **bekommt**, was man will.

Lebendig sein ist das, was dich reich macht.

Wenn ein Ereignis so superaußergewöhnlich selten
und fantastisch unglaublich wäre,
dass es nur einmal alle zehn Milliarden Jahre vorkäme,
dann wäre es immer noch unendlich gewöhnlicher,
alltäglicher und glaubhafter als das Verstreichen
eines beliebigen Tages.

Einer erleuchteten Seele wird die Wahrheit
nicht offenbart, sondern sie bestellt
die Wahrheit ein.

Eine kleine Warnung vor einer Last, die
alle wirklich alten Seelen kennen:
Liebe zu schenken ist ein viel größeres
Bedürfnis, als Liebe zu empfangen.

Wann immer du dich mit jemandem beratschlagst –
entweder von Angesicht zu Angesicht oder über eine
Entfernung hinweg –, ob es ein Mensch, ein Geist
oder ein empfindungsfähiger Baum ist:
Sprich immer das Höchste in ihm an.

174

(Stimmt – als ob Bäume empfindungsunfähig sein könnten!
Reingefallen!)

Wenn du misstraust, dann ziehst du
das Vertrauensunwürdige an.

Die allererste Ahnung, dass du zu
»spirituellem Königtum« geboren worden
sein könntest, hast du, wenn du feststellst,
dass es Blumen gibt, die nur du pflücken kannst.
Schmetterlinge, die nur du siehst.
Lachen und Tränen, die nur du kennst.
Und Träume, die nur du verwirklichen kannst.

Lass jeder Jahreszeit ihren Lauf, ebenso Ebbe und Flut,
aber glaube nicht, dass du keine Wahl hast, wohin
dein umherwandernder Geist dich führt.

Mit anderen Worten: Das Leben zuzulassen,
bedeutet nicht, die eigene Macht aufzugeben.

Die meisten Menschen machen sich so viele Sorgen,
weil sie eine leidenschaftliche Liebesgeschichte
mit dem Leben verbindet.

Sollte dir jemals ein Wunsch erfüllt werden,
dann wünsche dir das, was ist, denn nichts wird
jemals besser sein, als in einer Welt zu leben,
in der die Vergangenheit keine Rolle spielt,
die Zukunft alles sein kann und in der deine
Gedanken Realität werden.

Der Trick, um zur richtigen Zeit am richtigen Ort zu sein,
ist, zu wissen, dass man es bereits ist.

Es klappt immer, Liebe ist das Höchste,
die Dinge werden besser, du wählst gut aus,
es wurden keine Fehler gemacht, du bist nie allein
und alles macht dich zu mehr.

Du kannst sicher sein, dass du …
angesichts der unendlichen Möglichkeiten,
die es damals gab, und deiner himmlischen Verbindung mit
dem Göttlichen, als du vor langer Zeit sorgfältig
dein gegenwärtiges Abenteuer im Dschungel von Zeit
und Raum geplant hast, die Berge und Täler,
die du durchqueren würdest, die Rückschläge und
Fortschritte, die du dir vorgenommen hattest,
die guten, schlechten, hässlichen und all die Leben,
mit denen du in Berührung kommen würdest,
dass du, als du deine Planung abgeschossen hattest
und das »Gesamtbild« zu Gesicht bekamst …

... in Tränen der Freude ausgebrochen bist,
überwältigt von seiner Vollkommenheit
und deiner Entwicklung.

Du bist der Mensch, der Gott am liebsten gewesen wäre.

Genieße die Unsicherheit.
Ergreife die Gelegenheiten.
Suche.
Wandere.
Forsche.
Frage.
Stell dich deinen Ängsten.
Dränge die Liebe nicht
und erzwinge keine Details.
Geh Risiken ein.
Sei außerordentlich freundlich.
Geh mit deinen Träumen.
Du neigst zum Erfolg,
und dein Erfolg wird andere inspirieren,
es dir gleichzutun.
Du hast das Zeug dazu,
der Mensch zu sein,
der zu sein du dich berufen fühlst.
Deine volle Präsenz ist erforderlich;
du bist ausgewählt, um in genau diesen Tagen zu leben,
denn du hast sie gewählt.

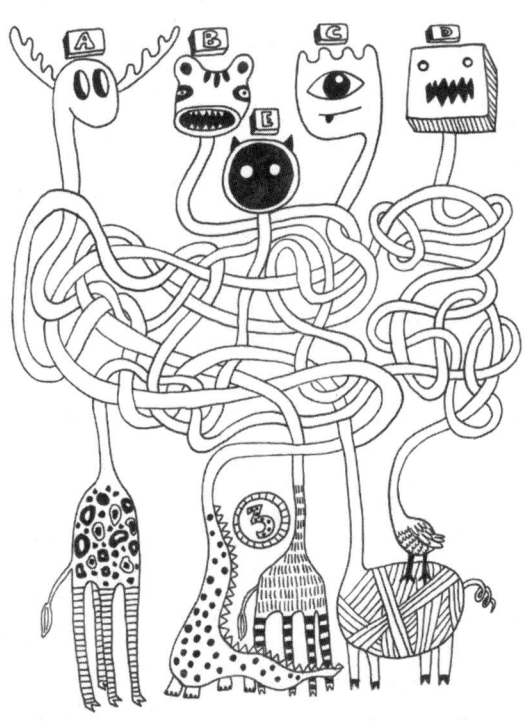

Epilog

Der
Mann,
der ich bin

Vor zwei Jahren besuchten wir gemeinsam das örtliche Wissenschaftszentrum und waren dort zusammen im dreistöckigen durchsichtigen Hamsterhaus für Menschen, das eigentlich für ältere Kinder gedacht ist und ganz gewiss nicht für Erwachsene. Wie schon bei früheren Aufenthalten sorgte deine Begeisterung für Abenteuer dafür, dass wir uns tief im Inneren des Gebäudes verkrochen. Wie üblich steckte ich zusammengefaltet und verdreht in Röhren und Treppenspiralen und war dort einer der wenigen, wenn nicht überhaupt der einzige Erwachsene.

Besonders entzückend waren deine wiederholten Rufe, dass ich dir doch folgen solle, immer, wenn ich hinter dir zurückblieb, und war deine Hand, mit der du blind hinter dir nach der meinen suchtest. »Daddy, Daddy, komm schon, Daddy!« Du hast dich weder geschämt noch war es dir unangenehm, dass ich mit dir dort herumkrabbelte. Ganz im Gegenteil gabst du mir das Gefühl, dir dieses coole Abenteuer zu ermöglichen – außerdem warst du noch nicht in dem Alter, in dem einem alles, was Eltern tun, peinlich ist. Immer, wenn du mich riefst, trieb mich der Klang deiner Stimme an, erfüllte mein Herz und half mir, den physischen Schmerz der mir gestellten Aufgabe zu vergessen.

Nach ungefähr einer Stunde – *eine Stunde!* – waren mein Rücken und meine Knie so erledigt, dass ich beiläufig den Abstand zwischen uns größer werden ließ. Du nahmst es hin, dass ich dir »entglitt«, und machtest dir nichts daraus, so schien es mir, dass ich immer weiter hinter dir zurückblieb.

Es dauerte nicht lang und ich war draußen und sah zu dir hinein. Ich hielt nach Möglichkeit Blickkontakt mit dir, obwohl du hoch über mir warst und ich dich nicht hätte erreichen können. Offensichtlich gelang es dir immer besser, dich im »Hamsterkäfig« zurechtzufinden, und du brauchtest mich nicht mehr. Außerdem hatte es mir zwar anfangs gefallen, als der hingebungsvolle, verehrte Vater hinter dir herzukriechen, aber inzwischen hatte ich genug davon. Wir hatten unser Spiel und unsere gegenseitige Abhängigkeit länger ausgedehnt als notwendig, so wohl fühlten wir uns. Wir waren beide glücklich, etwas mehr Zeit miteinander verbracht zu haben, um diesen Punkt zwischen Abhängigkeit und Loslassen zu erreichen. Dass du mich noch immer von Zeit zu Zeit riefst, als ob du mich brauchtest ... welche Glückseligkeit.

Ohne Vorwarnung wuchs sich ein flüchtiger Gedanke in mir zu einem menschenfressenden Untier aus, und mit einem Mal war ich am Boden zerstört. Es geschah gerade in dem

Augenblick, als du von der zweiten auf die dritte Ebene klettertest und dich um ein Hindernis herummanövriertest, und doch gab es keinen Zusammenhang zwischen deinem Tun und meinem Denken. Mir dämmerte schlagartig, dass deine Unabhängigkeit im Hamsterhaus ein Vorbote war für dein Erwachsenwerden, das dich schließlich aus unserem Haus führen würde. Dass die Vater-Tochter-Beziehung eine Funktion zu erfüllen hat. Eine wunderbare, erfüllende Aufgabe mit dem Ziel, dich zu leiten und dir zu helfen, damit du eines Tages aufbrechen und dein eigenes Leben führen kannst. Dann würde es zum Wohle aller auch Überschneidungen zwischen unechter Abhängigkeit und Selbstständigkeit geben. Und von da an hätte jeder deiner Schritte *deine eigenen* Abenteuer in der Welt außerhalb unseres Heims zum Ziel, vielleicht sogar eines Tages mit deinen eigenen Kindern, und es würde nicht mehr um deine Mom und mich gehen. Falls wir überhaupt, von seltenen Familienurlauben einmal abgesehen, noch einbezogen sein würden. Bei solchen Gelegenheiten würde ich dann die alten Geschichten erzählen und dich anhand von alten Fotos an meine Bedeutung in deinem Leben erinnern, meinem an dich verlorenen Herzen hinterherwinken und die ohne Zweifel bezauberndste Zeit meines ganzen Lebens im Geist noch einmal erleben ... erfüllt von Ereignissen und Erlebnissen, an die du dich vermutlich nicht einmal erinnern würdest.

Wie rasch und wirkungsvoll Nostalgie doch das Ruder übernehmen kann! In meinem Kopf warst du bereits von zu Hause ausgezogen, obwohl du erst drei Jahre alt und hinter einer Plexiglasscheibe im Hamsterkäfig warst. Ich wurde übermannt von herzzerreißender Traurigkeit, meine Augen hatten sich in auslaufende Salzwasserseen verwandelt, mein Blick war so verschwommen, dass ich dich nicht mehr von anderen krabbelnden Kleinkindern unterscheiden konnte, in meinem Hals war ein wachsender Kloß und ich dachte: *Was habe ich getan?*

Bin ich verrückt geworden? Ich war müde und habe es zugelassen, dass mein Liebling alleine unerreichbare Höhen erklimmt. Ging es dir auch wirklich gut? Warst du auch wirklich bereit für diese Expedition auf eigene Faust? Warum hatte ich es so eilig, dich mir entgleiten zu lassen? Waren meine Schmerzen denn wirklich so schlimm? Hätte ich mich nicht doch noch ein wenig länger nützlich machen können? Wäre es nicht lohnenswert gewesen, noch etwas mehr auszuharren, um die gemeinsame Zeit auszudehnen und zu nutzen, bevor du dich von deinem »Daddy« nicht mehr länger würdest bremsen lassen wollen?

Gerade als sich in meiner Kehle ein peinliches Schluchzen lösen wollte, sah ich dich und wie du mir zuwinktest. Mitten im Tunnel hieltest du inne. Du drehtest dich nach allen Seiten, und ich hörte, wie du – Halleluja! – »Daddy ...? Daddy? Wo bist du?« riefst. »Hier bin ich!« Ich winkte dir zu, auf meinem Gesicht ein ekstatisches Grinsen mit übertrieben optimistisch angehobenen Augenbrauen. *Ereignete sich das wirklich?* Oder litt ich unter irgendwelchen Wahnvorstellungen? Mit jetzt wieder klarerem Blick sah ich, dass du herunterkamst, um mich zu suchen, wirklich überrascht, dass ich meinen Posten geräumt hatte. »Daddy? Warum hast du mich verlassen?« Du suchtest mich ebenso verzweifelt, wie ich gerade eben noch empfunden hatte. »Daddy, ich brauche dich!« Mein Herz barst.

Schneller als ein Olympialäufer kehrte ich zurück in den Hamsterkäfig, faltete mich auf die Hälfte meiner fast 1,90 Meter zusammen, quetschte mich durch die Kurve, verrenkte mich, um mich durch die Wendeltreppe zu zwängen, und sprang über das Bällebad, um dir eine beruhigende Umarmung zu verabreichen, noch bevor du ein weiteres Mal »Daddy!« sagen konntest. Göttliche Wiedergutmachung!

Was war los mit mir?

Ich weiß es noch immer nicht. Aber es erinnerte mich daran, wie sehr ich dich liebe und wie sehr ich es genieße, von dir geliebt zu werden. Und mit einem Mal fühlte es sich wieder so an, als ob alles in meinem Leben nur darauf hinauslief, diesen Punkt zu erreichen. Das bedeutet nicht etwa, dass irgendein Teil meines Lebens, meine Liebe zu deiner Mutter eingeschlossen, weniger wichtig ist, vielmehr haben alle zusammen mich zu diesem Augenblick geführt und ihn ermöglicht. Diese Erkenntnis tauchte plötzlich alles vor deiner Geburt in einen strahlenden, bedeutungsvollen Glanz. Die Tiefe meiner Liebe zu dir erklärt sich nicht allein durch *deine* Existenz, sondern sie beruht auf allen Dingen, Zeiten, Orten und Menschen in meinem Leben, die mich bis zu diesem Punkt geführt haben. Wir sind eins, sie sind wir, wir sind sie, alles ist Gott und Gott ist Liebe – die Verkörperung des größten Geheimnisses des Lebens.

Mit einem Mal erscheint es mir so offensichtlich, dass die Welt, in der wir leben, ein einziges großes Hamsterhaus ist, das uns nirgendwo hinführt, außer in unser Inneres. Die Requisiten und Technologien, die wir nutzen, erlangen ihre Bedeutung nicht durch das, was sie können, sondern weil sie uns den Rahmen liefern, in dem wir schöpferisch handeln, interagieren und zusammen sind. Es spielt keine Rolle, ob man wie die Flintstones oder die Jetsons jeden Tag pendelt. Wichtig ist vielmehr, dass es Menschen in unserem Leben gibt, von denen wir lernen, mit denen wir spielen, wachsen und lieben können.

Wir sind einander Spiegel, Resonanzböden und Liebesschalter. Die sich daraus ergebenden Dramen bereichern unser Leben, sie erfüllen unsere Reise, geben ihr Sinn und schaffen relativierende Bezugspunkte, wo es ansonsten keine gäbe. *Dramen!* Mein Gott, wie sehr ich mich doch geirrt hatte. Verdienst, Erfolg, Geld, Dienst, Hingabe, Erneuerung können dem Schatz der Emotionen, die unser Leben bestimmen, nicht das Wasser reichen.

Es ist die Romantik des Lebens, *hervorgerufen durch unseren Glauben an Illusionen*, die unsere Herzen berührt und unseren Verstand bindet. Unser falscher Glaube daran, dass Zeit, Raum und Materie wirklich sind, zeigt uns letztlich, dass nur unsere Gefühle Bestand haben. Genauso wie meine in die Irre geleitete Vorstellung, dass ich dich verlieren könnte, meine Aufmerksamkeit für den gegenwärtigen Moment vergrößerte, beziehungsweise wie mich meine entgleiste Vorstellung, du seiest »meine« Tochter, mit einer Selbstliebe und Wichtigkeit erfüllte, die ich mir unter anderen Umständen niemals zugestanden hätte. Solche vorübergehenden falschen Vorstellungen sind wie Krücken oder Stützräder, auf die wir eines Tages verzichten. Ich verdanke es dir, das und noch viel mehr gelernt zu haben.

Weil mir deine Vollkommenheit so besonders gefiel, dachte ich darüber nach, dass ich, außer über deine Finger und deine Gesundheit, am meisten über deinen einzigartigen, göttlich-erleuchteten Wesenskern staunte, *den natürlich jedes kleine Mädchen, jeder kleine Junge und auch jeder Erwachsene hat.* Einen stabilen, unermüdlich leuchtenden Wesenskern *muss* es in allen Menschen geben, egal, wer sie sind, wo sie sind, wann sie sind und, mindestens ebenso wichtig, was sie tun und je getan haben. Sie haben ihren Ursprung unabänderlich in Gott und bleiben *reine* Göttlichkeit. Dass »wir sind«, ist unsere Rettung und der pulsierende Beweis unserer Göttlichkeit. Unsere Großartigkeit gründet nicht darauf, dass wir irgendetwas tun, leisten oder haben. Es reicht aus, dass wir atmen.

Und dann ... als ich am wenigsten damit rechnete ... und obwohl ich es anfangs leugnete ... es mir widerstrebte ... und doch letztlich ... mit einem Schulterzucken ... *sah ich es auch in mir.* Ich erkannte dieses »Ich bin«, genau dasselbe reine Wunder. Für das, worüber ich seit Jahren schrieb und was ich anderen Menschen all die Zeit nahezubringen versucht hatte, brauchte ich die Gefühle, die ich für dich empfand, bevor ich das Ganze auch in Bezug auf mich begriff.

Die Vorstellung breitet sich in meinem Kopf immer noch weiter aus. Vor allem wenn ich mir vor Augen führe, dass *meine* Eltern für mich einmal die gleiche unvergängliche Liebe empfunden haben und es *noch immer* tun – wie ich für dich. Und dass ihre Liebe, wie meine für dich, nichts damit zu tun hat, was ich tue oder nicht tue, wer ich bin oder zu wem ich geworden bin, und noch nicht einmal damit, wie viel und ob ich ihnen nütze. Ihre Liebe »ist«, weil *ich bin* ... und da ist sie wieder, die Verkörperung des größten Rätsels des Lebens. Was mich zu meiner ultimativen Erkenntnis führt:

Ich bin bereits ... der Mann, für den du mich hältst.

Es ist also tatsächlich gar nicht möglich, am Ziel vorbeizuschießen. Es ist mir unmöglich, diese Person nicht zu sein, so wenig, wie du *nicht* diese Vollkommenheit sein kannst, zu der ich ständig in Ehrfurcht aufblicke. So sind wir *wirklich*, wir alle. Keiner ist abgehängt. Jeder ist ein seltener und kostbarer göttlicher Funke, der genau diese Wahrheit für sich selbst herausfinden soll ... vielleicht mit der Hilfe einer Tochter.

Mach dir diese Wahrheit um deiner selbst willen bewusst, du kostbares Wunder, und erinnere dich daran, falls du jemals auf den Gedanken kommen solltest, die Liebe eines anderen Menschen nicht zu verdienen. Du bist bereits mehr, als du jemals hoffen konntest. Du wirst abgrundtief bewundert, einfach weil du der Mensch bist, der du bist, so, wie du bist und wie du nicht *nicht* sein kannst.

Ohne Zweifel bist du, genau hier und genau jetzt, während du diese Worte mit strahlenden Augen liest, gleichgültig an welchem Tag, mitten zwischen deinen tanzenden Manifestationen in einer vollkommenen Welt auf einem grünen Planeten, während dein Herz schlägt, dein Blut fließt und dir Engel über die Schulter schauen, sind du und ich und alle, die je diese Worte lesen, und auch alle, die sie nicht lesen, die »glücklichsten« Menschen, die es je gab.

Ich liebe dich für immer, Solecito, meine kleine Sonne.

Dad

Über den Autor

Mike Dooley ist ein Bestsellerautor, dessen Werke bereits in 25 Sprachen übersetzt wurden. Als metaphysischer Lehrer ist er bekannt für die beliebten »Notes from the Universe« und als einer der Autoren des internationalen Phänomens *The Secret*. Mike begeistert mit seinen Vorträgen und Workshops das Publikum in 132 Städten, 34 Ländern und 6 Kontinenten. Er betreibt den erfolgreichen Blog www.tut.com.

176 Seiten
12,00 € (D) | 12,40 € (A)
ISBN 978-3-7474-0062-3

Ellen M. Bard
Für mich
Das kreative Self-Care-Buch

In unserem anstrengenden Alltag vergessen wir viel zu oft, wer eigentlich ganz oben auf unserer Liste stehen sollte: nämlich wir selbst! Dieses schöne Self-Care-Buch liefert 101 kurze Übungen, um sich selbst endlich einmal die volle Aufmerksamkeit zu schenken und Ruhe und Zufriedenheit zu finden. Mit ihrer kreativen Methode hilft die Psychologin Ellen M. Bard, unseren Terminkalender zu überdenken, Beziehungen zu hinterfragen und uns selbst wieder wichtig zu nehmen und mehr auf unsere eigenen Bedürfnisse und Wünsche zu achten!

176 Seiten
9,99 € (D) | 10,30 € (A)
ISBN 978-3-7474-0083-8

Gillian Kemp
**Das kleine Buch
der Magie**

Das Herz eines Menschen gewinnen, den Sie lieben? Einen Wunsch wahr werden lassen oder einen Geldsegen herbeizaubern? In diesem Büchlein finden Sie einfach anwendbare Sprüche, Rituale, Zaubertränke und magische Anleitungen für jede Gelegenheit, die über Jahrtausende von alten Völkern gesammelt und weitergegeben wurden. Gillian Kemp zeigt, wie Sie dieses alte Wissen nutzen können, um etwas Magie in den Alltag zu bringen.

320 Seiten
19,99 € (D) | 20,60 € (A)
ISBN 978-3-86882-948-8

John Holland
Brücke zum Jenseits
Wie wir mit der geistigen
Welt in Kontakt treten und
Botschaften verstorbener
Seelen empfangen

Wohin geht ein geliebter Mensch, wenn er von uns gegangen ist? Wie sieht es aus, das Leben nach dem Tod? John Holland, praktizierendes Medium und spiritueller Lehrer, kennt die Antwort auf diese Fragen und zeichnet in seinem neuen Buch ein klares und deutliches Bild der jenseitigen Welt. Dank seiner besonderen Fähigkeiten ist es ihm möglich, mit dem Reich der Verstorbenen in Kontakt zu treten und ihre Botschaften zu empfangen. Als Mittler zwischen den Welten möchte er Hinterbliebenen dabei helfen, ihre eigenen spirituellen Fähigkeiten zu entfalten, Trost und Inspiration geben und mit seinem Wissen die Trauer der Lebenden lindern. Ein faszinierender Blick auf eine Welt, in der der Tod uns nicht ängstigt, wir niemals alleine sind und Seelen ewig leben.